# パワーハラスメント
# に関する
# 法律実務

弁護士 外井 浩志 著

週刊「税務通信」「経営財務」発行所
税務研究会出版局

# はしがき

　今回，ようやく長年の懸案であったパワハラに関する著作を書くことができた。たまたま，パワハラの規制法である労働施策総合推進法（旧雇用対策法）の改正が，令和元年5月29日に可決成立し，6月5日に公布された。その施行はおそらく令和2年4月1日である。

　社会的にパワハラの存在が認知がされたのは平成15，16年頃と思われるが，法制化まではそれから実に15年ほど経過したことになる。その間，社会的には多くのパワハラに関する報道がなされ，その法的対応の重大性が叫ばれてきた。にもかかわらず，裁判例も積み重ならず，また，行政の対応も遅遅として進まず，問題を抱えることになる企業としても，どのように対応すべきかの羅針盤の定まらないままの状態が継続してきた。それが，まだまだ初歩であるとはいえ，法制化されたことにより，その課題の一部は解消されることになると思われ，その意義は極めて大きいといえる。

　私としても，パワハラ問題は，この10年間，法律相談が極めて多い分野でありながら，結局は，事例毎の判断，事例毎の対応策を模索してきたにすぎず，統一的な判断，抜本的な対応策はとることはできなかったと感じているところである。

　今後は，法律が制定され，更には指針が発表されることになるので，統一的な判断が可能になり，抜本的な対応が可能になってくるであろうと期待している。また，自分の意見をまとめた本書が出されたことによりパワハラ問題に関して，一応のけじめにはなるであろうか。その意味では感慨深いものがある。しかし，法整備が始まったからといってパワハラ問題は解決するにはほど遠い状況であり，むしろはじまりのような気がしている。

何故パワハラが起こるのかという課題については，未だに回答は出されていないし，皆目見当がつかない状況にあるのは気にかかる。つまり，原因の解明ができなければ，企業社会に於いて蔓延しているパワハラの抜本的な解決には結びつかないと思われるからである。人間社会においては，セクハラもパワハラも人間の本能に基づく行動であるかもしれず，おそらくは容易にはなくならないであろう。一定の規制を加えてそれらのハラスメントを押さえることはある程度は可能であるが，撲滅することはむずかしいのではないであろうか。その意味では，特にパワハラ対策は果てしなき戦いになるかもしれず，企業にとっては強い気構えが必要である。
　本書はこれまで出されてきたパワハラ関連の判決を詳細に分析して紹介しているので，是非活用してほしい。
　執筆にあたり，各判例の概要はもちろんのこと，難解な判例を理解しやすくするために，私個人の着眼点（外井弁護士の視点）や，判断を左右する要素になったと思われる事柄，キーワードを，類型の分析とともに紹介してみた。パワハラ問題への対応に苦慮している方々の参考になれば幸甚である。
　さて，本書を書くに当たっては，税務研究会出版局の方々には大変お世話になった。企画が法案化の時期と重なり，その対応が難しい時期に大変な苦労をおかけした。ここで御礼申し上げたい。

　　　　　　　　　　　　　　　　　　　　　　　令和元年7月
　　　　　　　　　　　　　　　　　　　　　　弁護士　外井浩志

# 目　次

## 第1　ハラスメントに対する基本的な心構え

1. 組織内でのハラスメントの撲滅の必要性……………………………3
2. ハラスメントによるダメージの大きさ………………………………4
   - 1．組織としてのマイナス………………………………………………4
   - 2．被害者の側のマイナス………………………………………………5
3. 最近のハラスメントの現状……………………………………………5
   - 1．セクシュアルハラスメント…………………………………………6
     - (1) セクハラは一般企業では減少傾向……………………………6
     - (2) 対価型と環境型…………………………………………………6
     - (3) セクハラに関する裁判例………………………………………7
       - 事例1　福岡セクハラ事件 ……………………………………8
       - 事例2　京都セクハラ事件 ……………………………………9
       - 事例3　日銀セクハラ事件 ……………………………………11
       - 事例4　海遊館事件 ……………………………………………12
       - 事例5　学校法人M学園事件 …………………………………16
   - 2．マタニティハラスメント……………………………………………18
     - (1) 妊娠・出産等の母性保護について……………………………19
     - (2) 育児・介護休業等について……………………………………22
     - (3) マタハラに関する裁判例………………………………………24
       - 事例1　広島市中央保健生協事件 ……………………………24
       - 事例2　ネギシ事件 ……………………………………………27
       - 事例3　ツクイほか事件 ………………………………………30
       - 事例4　シュプリンガー・ジャパン事件 ……………………31
       - 事例5　コメット歯科クリニック事件 ………………………32
   - 3．アカデミックハラスメント…………………………………………35
     - (1) セクハラ型………………………………………………………35

**事例1**　T大学事件 ……………………………………………36
　　　**事例2**　P大学事件 ……………………………………………37
　　(2)　パワハラ型 …………………………………………………………41
　　　**事例3**　兵庫教育大学事件 ……………………………………41
　4．ジェンダーハラスメント ……………………………………………44
　　(1)　ジェンダーハラスメントとは ……………………………………44
　　(2)　性別による配置の限定 ……………………………………………45
　　(3)　性別役割分担意識に基づいて発生するセクハラとの関係 ………46
　　(4)　結婚はまだか，子供はまだかという発言 ………………………46
　5．LGBTについて …………………………………………………………47
　6．パワハラ ………………………………………………………………48

## 第2　パワーハラスメントについての基本的知識

1　はじめに …………………………………………………………………51
　1．増加するパワハラ ……………………………………………………51
　2．パワハラとは何か ……………………………………………………51
　3．パワハラの発生する原因 ……………………………………………52
　4．何故，パワハラの加害者となるのか ………………………………54
2　パワハラによる不利益 …………………………………………………56
　1．被害者に対する不利益な結果・悪影響の発生 ……………………56
　2．企業への不利益（職場環境悪化への影響） ………………………56
　3．パワハラによる精神面への影響——PTSDの問題 …………………57
　4．パワハラと労災認定 …………………………………………………58
3　パワハラの定義，分類，判断基準等 …………………………………58
　1．パワハラの定義 ………………………………………………………58
　　(1)　平成24年円卓会議の提言 …………………………………………58
　　(2)　平成30年検討会報告 ………………………………………………59
　　(3)　平成30年分科会報告 ………………………………………………61
　2．加害者と被害者の関係 ………………………………………………62

|   | (1) 平成24年円卓会議の提言 | 62 |
|---|---|---|

- (1) 平成24年円卓会議の提言 ··················62
- (2) 平成30年検討会報告 ·······················62
- (3) 平成30年分科会報告 ·······················62
- 3．パワハラの分類 ·····································63
  - (1) 平成24年円卓会議の提言 ··················63
  - (2) 平成30年検討会報告 ·······················64
  - (3) 平成30年分科会報告 ·······················66
- 4．パワハラの程度 ·····································67
- 5．パワハラの判断基準 ······························67
  - (1) パワハラに関する行政対応の歴史 ········67
  - (2) パワハラの判断基準 ·······················68

④ パワハラに対する企業の対応 ······················70
- 1．セクハラ指針との関係 ····························70
- 2．平成24年円卓会議の提言 ··························71
- 3．平成30年検討会報告 ································74
- 4．平成30年分科会報告 ································76

## 第3　パワーハラスメントに関する裁判例の解説

① パワハラの賠償事例 ································81
- 事例1　東芝（反省書提出等要求）事件 ·············81
- 事例2　ダイエー事件 ································83
- 事例3　国鉄鹿児島自動車営業所事件 ···············84
- 事例4　エールフランス事件 ·························86
- 事例5　川崎市水道局いじめ自殺事件 ···············88
- 事例6　国際信販事件 ································90
- 事例7　アジア航測事件 ·····························91
- 事例8　東京女子医大事件 ···························93
- 事例9　誠昇会北本共済病院事件 ····················94
- 事例10　A保険会社（上司損害賠償）事件 ············96

| | | |
|---|---|---|
| 事例11 | ヨドバシカメラ事件 | 98 |
| 事例12 | ファーストリテイリングほか事件 | 100 |
| 事例13 | 前田道路事件 | 103 |
| 事例14 | 海上自衛隊（護衛艦さわぎり）事件 | 105 |
| 事例15 | 三洋電機コンシューマエレクトロニクス事件 | 107 |
| 事例16 | ヴィナリウス事件 | 109 |
| 事例17 | 富国生命保険事件 | 113 |
| 事例18 | S工業事件 | 114 |
| 事例19 | 日本ファンド事件 | 117 |
| 事例20 | 海上自衛隊（護衛艦たちかぜ）事件 | 119 |
| 事例21 | 航空自衛隊SHOP事件 | 122 |
| 事例22 | キリンエンジニアリング事件 | 124 |
| 事例23 | 資格試験教育会社事件 | 126 |
| 事例24 | ダイクレ電業事件 | 127 |
| 事例25 | アークレイファクトリー事件 | 129 |
| 事例26 | 第一興商事件 | 132 |
| 事例27 | K化粧品販売事件 | 133 |
| 事例28 | ザ・ウィンザー・ホテルズインターナショナル事件 | 135 |
| 事例29 | 岡山県貨物運送事件 | 137 |
| 事例30 | 医療法人雄心会事件 | 140 |
| 事例31 | メイコウアドヴァンス事件 | 142 |
| 事例32 | 鹿児島県・曽於市事件 | 144 |
| 事例33 | 公立八鹿病院組合ほか事件 | 146 |
| 事例34 | 社会福祉法人県民厚生会ほか事件 | 149 |
| 事例35 | サントリーホールディングス事件 | 151 |
| 事例36 | N社事件 | 153 |
| 事例37 | サン・チャレンジ事件 | 156 |
| 事例38 | 暁産業事件 | 158 |
| 事例39 | 東京MKタクシー事件 | 160 |
| 事例40 | クレイン農協ほか事件 | 162 |

|事例41| 国家公務員共済組合連合会（C病院）ほか事件 …………164
|事例42| M社事件 ……………………………………………………167
|事例43| 住吉神社事件 ………………………………………………168
|事例44| さいたま市（環境局職員）事件 …………………………171
|事例45| 市川エフエム放送事件 ……………………………………174
|事例46| T庵経営者事件 ……………………………………………177
|事例47| コンビニエースほか事件 …………………………………179
|事例48| SGSジャパン事件 …………………………………………183
|事例49| ディーコープ社事件 ………………………………………185
|事例50| 国立大学法人群馬大学事件 ………………………………187
|事例51| 加野青果事件 ………………………………………………188
|事例52| F社事件 ……………………………………………………191
|事例53| 金沢大学ほか事件 …………………………………………194
|事例54| 航空自衛隊（セクハラ）事件 ……………………………197
|事例55| Y建築工事会社事件 ………………………………………200
|事例56| A住宅福祉協会理事ほか事件 ……………………………202
|事例57| 関西ケーズデンキ事件 ……………………………………204
|事例58| 共立メンテナンス事件 ……………………………………206
|事例59| ゆうちょ銀行（パワハラ自殺）事件 ……………………209
|事例60| 大島産業事件 ………………………………………………213

② パワハラの労災事例 ……………………………………………………216
　1．パワハラ被害についての労災保険の適用 …………………………216
③ 労災認定の場合の判断基準 ……………………………………………217
　1．基準変更の推移 ………………………………………………………217
　2．認定基準の内容 ………………………………………………………217
　3．行政取消訴訟の判断基準 ……………………………………………218
④ パワハラに関する行政取消訴訟 ………………………………………219
　|事例1| 静岡労基署長（日研化学）事件 …………………………219
　|事例2| 名古屋南労基署長（中部電力）事件 ………………………220
　|事例3| 京都下労基署長（富士通）事件 ……………………………222

**事例4** 地公災基金愛知県支部長（A市職員・うつ病自殺）事件 ……223

## 第4　パワーハラスメント規制の法制化

1　パワハラ規制の法制化へ ……………………………………………227
　1．法制化への経緯 ……………………………………………………227
　2．パワハラ規制（労働総合施策推進法の改正）の視点 …………228
　3．パワハラ規制の内容 ………………………………………………229
　4．法制化による影響 …………………………………………………233
　5．まとめ ………………………………………………………………235
2　その他のハラスメント関係の改正 …………………………………236
　1．セクシュアルハラスメント規制に関する男女雇用機会均等法の
　　　改正内容 ……………………………………………………………237
　2．マタニティハラスメント規制に関する男女雇用機会均等法の
　　　改正内容 ……………………………………………………………238
　3．マタニティハラスメント規制に関する育児・介護休業法の
　　　改正内容 ……………………………………………………………239
3　施行期日，経過措置等 ………………………………………………240
（参考）船員についての読替え …………………………………………241


## 第5　パワーハラスメントへの具体的対応

1　はじめに ………………………………………………………………245
2　セクハラの場合の措置 ………………………………………………246
3　パワハラの場合の措置 ………………………………………………247
4　その他の措置 …………………………………………………………248
5　パワハラの疑いがある場合の対応 …………………………………250
6　日頃からの対策の重要性 ……………………………………………252

## 第6 就業規則等の例

- ① 企業の方針 ……………………………………………………………257
- ② 就業規則の内容 ………………………………………………………258
  - 1．社員の心構えに関する定めの例 ………………………………259
  - 2．社員の禁止行為に関する定めの例 ……………………………259
  - 3．管理職の管理行為に関する定めの例 …………………………261
  - 4．被害者の申告行為とその後の措置に関する定めの例 ………261
  - 5．申告を受けた会社の対応に関する定めの例 …………………262
  - 6．懲戒処分に関する定めの例 ……………………………………263
  - 7．教育，その他の必要な措置についての定めの例 ……………264
- ③ 役員懲戒規程 …………………………………………………………264

## 凡　例

　本書で使用している法令等の略称はおおむね下記による。

【使用例】雇用の分野における男女の均等な機会及び待遇の確保等に関する法律
　　　　　第11条第1項→均等法11①

（法令等）

改正法…女性の職業生活における活躍の推進に関する法律の一部を改正する法律（令和元年6月5日法律第24号）

改正○○法…上記改正法による改正後の各法

均等法…雇用の分野における男女の均等な機会及び待遇の確保等に関する法律

育介法，育児介護休業法…育児休業，介護休業等育児又は家族介護を行う労働者の福祉に関する法律

労働施策総合推進法…労働施策の総合的な推進並びに労働者の雇用の安定及び職業生活の充実等に関する法律（旧雇用対策法）

セクハラ指針…労働者に対する性別を理由とする差別の禁止等に関する規定に定める事項に関し，事業主が適切に対処するための指針（平成18年10月11日厚生労働省告示第614号）

マタハラ指針…事業主が職場における妊娠，出産等に関する言動に起因する問題に関して雇用管理上講ずべき措置についての指針（平成28年8月2日厚生労働省告示第312号）

育児介護指針…子の養育又は家族の介護を行い，又は行うこととなる労働者の職業生活と家庭生活との両立が図られるようにするために事業主が講ずべき措置に関する指針（平成21年12月28日厚生労働省告示第509号）

＊本書は，原則として令和元年7月1日現在の法令等に基づいている。
　なお，本文中意見にわたる部分は筆者の私見である。

# 第1

# ハラスメントに対する基本的な心構え

# 1 組織内でのハラスメントの撲滅の必要性

　企業には以前からハラスメントは多くあった。おそらく，現在よりも凄まじいハラスメントが横行していた。当時は企業社会では許されるものとして，いろいろなハラスメントがなされており，それに対して弱者である従業員はそれを受けて退職するか，じっと我慢をするか，あるいは見て見ぬふりをして従ってきた。なかには民事事件はもちろんのこと，刑事事件になりかねないような行為も往々にして行われていたが，それに対しては多くは表面化せずに，泣き寝入りしていたというのが実態であろう。セクシュアル（セクシャル）ハラスメント，パワーハラスメント，マタニティハラスメント，アカデミックハラスメント，アルコールハラスメント，等である（以下本書では主にセクハラ，パワハラ，マタハラ，アカハラ，アルハラと略称を用いる）。

　これらのハラスメントに対して，弱者である従業員が正面からその被害救済に立ち上がるようになったのは，おそらくセクハラからであり，それが昭和の終わりから平成の初めころからである。そして，次第に，パワハラ，マタハラ，アカハラ，アルハラなどのその実態が表面化されることになり，従業員にとってはもちろん，企業にとっても，法的にもモラル的にも不公正なものとして認識されるようにはなったが，まだまだ十分にその実態が明らかにされているとは言えない。

　以前から企業内の不公正・不公平な問題は取り上げられていたが，ハラスメントという観点からではなく，別の観点からであった。例えば，男女差別，思想信条差別，労働組合間差別などは，別の観点から捉えら

れて一部は問題とされてきた。

　労働組合員には通常の仕事を与えず草むしりをさせるという事案は現在はパワハラと把握することになろうが，以前は労働組合員に対する差別であり，不利益取扱いの不当労働行為として取り扱われてきたのである。

　以上のように，各種ハラスメントにつき，企業からそれらを撲滅すべきことは当然のことではあるが，これまで意外にそれらの行為が見過ごされてきたことを忘れてはならない。

## ② ハラスメントによるダメージの大きさ

　各種ハラスメントが行われている企業は，多方面でのマイナスがあり，企業の活力がそがれ，場合によってはその存続も危ぶまれることになる。後述するようにハラスメントもいろいろ分類できるが，企業へのダメージがあるところは共通している。

### 1．組織としてのマイナス

　企業という組織としては，従業員同士の意思疎通がそがれてしまうことが指摘できる。具体的には次のa～eのとおりである。
　a　優勢な職員と劣勢な職員との分化
　b　職場の一体感の喪失
　c　意思疎通の喪失，組織の活力をそぐ

d 場合によっては，労災請求・認定，損害賠償請求事件
e 風評被害

## 2．被害者の側のマイナス

ハラスメントの被害者である従業員については，次のa～cのようなマイナスが指摘できる。
a 被害者のやる気の喪失，PTSD（外傷後ストレス障害），精神の病気，業務上疾病，自殺など
b 被害者の家族，特に配偶者の苦しみ
c 死亡した場合の長期にわたる憎しみ

# ③ 最近のハラスメントの現状

　ハラスメントの問題が指摘され始めて約30年を経過したが，その認識と対策は遅々として進んでいない。ただし，セクハラについては比較的理解しやすく，また，その違法性が企業の従業員の社会認識に合致していたためか，その認識と対策は他のハラスメントに比較して一歩先んじている。ここでは，セクハラ，パワハラ，マタハラ，アカハラ，ジェンダーハラスメントを中心に紹介する。その他のハラスメントとしては，アルハラ（アルコールハラスメント：上司や先輩による飲酒の強要や一気飲みの強制等によるハラスメント）があるが，本書では割愛する。

## 1．セクシュアルハラスメント

### (1) セクハラは一般企業では減少傾向

　セクハラについては，昭和の終わりから平成初期に社会問題となり，平成3年に沼津セクハラ事件の判決（ニューフジヤホテル事件（静岡地裁沼津支部平成2年12月20日判決，労働判例580号17頁）が出されてから次々と判決が出されたこと，男女雇用機会均等法の改正でセクハラ防止義務（均等法11①）が規定されて，それにより指針（「事業主が職場における性的な言動に起因する問題に関して雇用管理上講ずべき措置についての指針」（平成18年10月11日厚労省告示615号，「セクハラ指針」））が出されたことによって企業内への周知と対策が取られたこともあり，かなり対応策は進展したといえる。そのため，セクハラは表面上はかなり減少したといってよいだろう。
　何故パワハラに比べて対応が早かったのかと言えば，セクハラについての教育の徹底と基準のわかりやすさが挙げられる。
　セクハラは，今では数多くの裁判例が積み上げられ，前述のように均等法でセクハラ防止義務が定められたこと及びそれによりセクハラ指針が定められたことが対策が進んだ大きな要因である。

### (2) 対価型と環境型

　セクハラを分類すれば，対価型と環境型とに明確に区分できる。
　均等法は，セクハラについて，「職場において行われる性的な言動に対するその雇用する労働者の対応により当該労働者がその労働条件につき不利益を受け」という対価型と，「当該性的な言動により当該労働者の就業環境が害される」という環境型に分けて規定している（均等法11

①)。そのように2種類に明確に区分できることが理解を早めることにつながったといえる。

　さらに，加害者側の意識の改善も指摘できる。

　元々，日本の企業社会には女性を補助的な業務につけるという差別意識があったことは紛れもない事実であり，セクハラにあたるような言動もある程度は大目にみて問題にはしないという傾向があった。そのため，男性社員側にもある程度は許されるという傲慢な意識があったといえる。

　ところが，セクハラは違法であるといわれ出した昭和の終わりから平成の初めにかけて，次第にセクハラ防止のための教育がなされるようになり，その後，繰り返しになるが平成11年4月にセクハラ配慮義務を定めた均等法が施行され，平成19年4月にはそれがセクハラ防止義務となり，セクハラ指針が定められた。これにより，セクハラは違法な行為であるという認識が徹底された。そればかりでなく，裁判においても不法行為責任または労働契約上の職場環境配慮義務違反となり，違法であるという判決が平成3年頃から継続して出されており，行為者ばかりではなく使用者も被告となって訴えられる，すなわち，セクハラは労働問題となるという意識が根づいたと思われる。一時期は，セクハラによる民事責任を追及する判決は年間でも数件から10件ほど出されるような事態となったが，裁判の件数は近年はやや減少ぎみである。

## (3) セクハラに関する裁判例

　セクハラに関する裁判例は数多いが，ここでは代表的な判例として，①福岡セクハラ事件，②京都セクハラ事件，③日銀セクハラ事件，④海遊館事件，そして同性同士のケースである⑤M学園事件を紹介する。

　なお，①と②はいずれも使用者の職場環境配慮義務を認めた判決であって，著名であるが，福岡セクハラ事件は職場環境配慮義務を不法行為

構成とし，京都セクハラ事件は職場環境配慮義務を債務不履行構成とした点に違いがある。

### 事例1　福岡セクハラ事件（福岡地裁平成4年4月16日判決（判例時報1426号49頁））

> 被告Y1会社に，昭和60年12月にアルバイトとして入社した女性社員原告Xが翌年からは正社員となって情報雑誌の取材・編集の業務に携わってきたが，編集長被告Y2はXの存在の重要度が増すにつれて客観的な裏付けもないのに，Y1社の内外の者に対して，異性との交友関係が派手であるとか，取引先の男性との不倫をうかがわせる発言や性的にふしだらな女であるという噂を流すなどの行為を行った。救済を求めた専務取締役被告Y3は，Xに退職を求めてXは退職せざるを得ないことになった。
>
> 判決は，編集長Y2の不法行為責任は当然のこと，専務取締役Y3については，職場環境を調整する義務を怠り，男女を平等に取り扱うべきであるにもかかわらず，主として女性であるXの譲歩，犠牲において職場関係を調整しようとした点において，不法行為性が認められるとして，Y1会社に使用者責任を認めた。慰謝料額は150万円である。

#### 外井弁護士の視点

　セクハラのリーディングケースとなった事案で，セクハラの裁判例では必ず紹介される事例である。環境型のセクハラであり，数としては少ない。専務Y3は，原告Xに退職を勧め，編集長Y2を自宅謹慎3日という処分にしており，一応の処分ではあるが，Xは被害者，Y2は加害者であり，それを喧嘩両成敗的な解決をしたこと自体大いに問題である。大局的に見れば明らかにY2の行為が責められるべきであり，それ

を平面的な処理をしたことは不適切な対応であった。

それにしても慰謝料額150万円は安きに失する。これでは被害の何分の一にも見合わないであろう。一方，不法行為構成とはいえ，企業に職場環境調整義務を初めて認めた判決としても，極めて重要である。

> **まとめ**
> ・環境型
> ・被告Y1社の使用者責任（民法715）と行為者被告Y2，被告Y3の不法行為責任
> ・Y3には不法行為責任としての職場環境調整義務
> ・被害者原告Xは退職
> ・賠償額（慰謝料）は連帯して150万円

**事例2** 京都セクハラ事件（京都地裁平成9年4月17日判決（労働判例716号49頁））

> 呉服販売会社被告Y1社の男性社員Aがビデオカメラを使って女子更衣室を隠し撮りし，原告Xらを撮影したが，それに気づいた代表取締役らはビデオの向きを逆さまにしてそれ以上撮影できないこととしたものの，それ以上の措置を執らなかったので，再びAは撮影を続けた。その後ビデオカメラが再度発見され，Aは懲戒解雇された。ところが，専務取締役被告Y2が朝礼の席で，XとAとが男女関係があるかのような発言をし，Xと他の従業員の関係がぎくしゃくしてXは退職せざるを得なくなった。
> 判決は，Y1社には，雇用契約に付随してXがその意に反して退職することのないように職場の環境を整える義務があると述べ，「社員がX

との関わり合いを避けるような態度をとるようになり，人間関係がぎくしゃくするようになったので，XがY1社に居づらい環境になっていたのであるから，Y1社は，Xが退職以外に選択の余地のない状況に追い込まれることのないように本件専務取締役Y2による発言に対する謝罪やXがY1社勤務を続けるか否かを考えてくること，今日は今すぐ帰って良い旨のXに対して退職を示唆するような発言を撤回させるなどの措置を取るべき義務があったというべきである。」として，労働契約に基づいて職場環境配慮義務を認定している。

社員A，専務取締役Y2による環境型のセクハラの事案であり，Y1社の責任は労働契約に基づく債務不履行責任である。Xの慰謝料額は100万円（Y2専務に対しては50万円）とされた。

### 外井弁護士の視点

男性社員による女子更衣室の隠し撮りという幼稚ないたずら事案であるが，専務取締役Y2の「男女関係があるんじゃないのか」という余りにも軽率な発言により，ますます原告Xを傷つけたという事案で，環境型のセクハラである。今はこのような会社はないであろうが，かつては男女問題につき全く無神経であった会社の典型とも言えるような事案である。

この事案は，Y1社の職場環境配慮義務を債務不履行構成で捉えたところに大きな意味がある。

### まとめ

・環境型
・専務取締役Y2とY1社の使用者の責任
・Y1社の債務不履行責任としての職場環境配慮義務
・専務取締役Y2の不法行為責任

- 被害者原告Ｘは退職
- 慰謝料額100万円（専務取締役Ｙ２は50万円）

### 事例3　日銀セクハラ事件（京都地裁平成13年3月22日判決（判例時報1754号125頁））

　被告Ｙ１銀行の京都支店長Ｙ２が，①女性行員Ｘを夜食に誘い，ホテルの会員制の部屋に連れ込み，両手でＸの左手を強く握り，ソファーに押し付けてキスをし，着衣上からＸの胸を触り，手を上着の下から差し入れて乳房を直接触った。②その後も，Ｙ２は，支店内で電子メールや内線電話で1週間に2回くらいの割合でＸを食事に誘った。
　判決は，①の行為，②の行為もいずれもＹ２のＹ１銀行の事業の執行につき加えた損害と言えるとして，Ｙ２の不法行為責任，Ｙ１銀行の使用者責任のいずれも認めた。Ｘの損害は，Ｘが退職に追い込まれ，精神的な衝撃，疲労等で難聴等の疾病に罹患し，通院を続け再就職できなかったことから，逸失利益として1年間の年収約467万円，慰謝料として150万円，弁護士費用60万円で約677万円と認定された。

#### 外井弁護士の視点
　Ｙ１銀行の支店長という社会的に高い地位にある人物が，既婚の女性行員に対して，このようなセクハラ行為を行ったことは社会的にも驚くべき醜態である。しかも，その女性は退職しても就労不能な状態に追い込まれるほどの重度な損害を受けており，逸失利益があるために他の事例よりは賠償額は高いものの，一般的に見れば低額といえる。

> **まとめ**
> ・対価型
> ・行為者Y2の不法行為と使用者Y1銀行の使用者責任（民法715）
> ・被害者である原告Xは退職
> ・慰謝料150万円と逸失利益約467万円，弁護士費用60万円

**事例4** **海遊館事件**（第一審：大阪地裁平成25年9月6日判決（労働判例1099号53頁），控訴審：大阪高裁平成26年3月28日判決（労働判例1099号33頁），上告審：最高裁一小平成27年2月26日判決（労働判例1109号5頁））

　被告株式会社Y館は，大阪市が出資し，第三セクターとして水族館と隣接する商業施設（MP）の経営を行っている会社である。X1は営業部サービスマネージャーであり，X2は営業部課長代理の職位であり，Y社の職能資格制度上ではM0（課長代理）の等級に置かれていた。X1とX2は，それぞれ複数の女性職員に対して，後述（（参考）X1及びX2の行為のまとめ）のような過激なセクハラ発言を行っていた。なお，Y館では，従前より熱心に防止活動を行っており，就業規則にセクハラ禁止，懲戒処分の対象になることを定めており，セクハラ禁止文書も作成して研修も行っていた。

　そのため，退職した女性職員Aの通報によりY館は，X1に対して30日間の出勤停止処分，X2に対して10日間の出勤停止処分にし，懲戒処分を受けたことを理由に，降格することにしてそれぞれM0からS2（係長，主任）に1等級降格した。そしてX1を営業部サービスチームのマネージャーから施設部施設チームの係長に，X2を総務部連絡調整チームの係長に降格異動した。そのため，X1，X2とも給与，賞与が減額された。X1，X2は，出勤停止処分の無効確認と降格前の等級にある

ことの確認を求める訴えを起こした。

　一審判決（大阪地裁平成25年9月6日判決）は，懲戒処分の出勤停止処分も，降格異動も有効と判断したが，控訴審判決（大阪高裁平成26年3月28日判決）は，出勤停止の懲戒処分は重きに失して無効であるとして，懲戒処分は無効，それに基づく降格処分も無効と一審判決を覆した。

　上告審は，X1，X2のセクハラ行為について，「このように，同一部署内において勤務していたAらに対し，X1らが職場において1年余にわたり繰り返した上記の発言等の内容は，いずれも女性従業員に対して強い不快感や嫌悪感ないし屈辱感等を与えるもので，職場における女性従業員に対する言動として極めて不適切なものであって，その執務環境を著しく害するものであったというべきであり，当該従業員らの就業意欲の低下や能力発揮の阻害を招来するものといえる。」，「X1らは，上記の研修を受けていただけでなく，Y館の管理職として上記のようなY社の方針や取組を十分に理解し，セクハラ防止のために部下職員を指導すべき立場にあったにもかかわらず，派遣労働者等の立場にある女性従業員らに対し，職場内において1年余にわたり上記のような多数回のセクハラ行為等を繰り返したものであって，その職責や立場に照らしても著しく不適切なものと言わなければならない。」として，X1，X2の出勤停止処分が重きに失し，社会通念上相当性を欠くとは言えないと判断した。

　また，降格処分についても，「本件資格等級制度規程は，社員の心身の故障や職務遂行能力の著しい不足といった当該等級に係る適格性の欠如の徴表となる事由と並んで，社員が懲戒処分を受けたことを独立の降格事由として定めているところ，その趣旨は，社員が企業秩序や職場規律を害する非違行為につき懲戒処分を受けたことに伴い，上記の秩序や規律の保持それ自体のための降格を認めるところにあるものと解され，現に非違行為の事実が存在し懲戒処分が有効である限り，その定めは合

理性を有するものということができる。そして、X1らが、管理職としての立場を顧みず、職場において女性従業員らに対して本件各行為のような極めて不適切なセクハラ行為を繰り返し、Y館の企業秩序や職場に看過し難い有害な影響を与えたことにつき、懲戒解雇に次いで重い懲戒処分をとして上記の出勤停止処分を受けていることからすれば、Y館がX1らをそれぞれ1等級降格したことが社会通念上著しく相当性を欠くものということはできず、このことは、上記各降格がその結果としてX1らの管理職である課長代理としての地位が失われて相応の給与上の不利益を伴うものであったことを考慮したとしても、左右されるものではないと言うべきである。」と判断して、本件の懲戒処分、降格処分は有効であるとして、控訴審判決を取り消した。

◎(参考) X1及びX2の行為のまとめ

| X1の行為 | X2の行為 |
| --- | --- |
| 1．X1は、平成23年、Aが精算室で1人で勤務している際、複数回、自らの不貞相手と称する女性の年齢や職業の話をし、不貞相手とその夫の間の性生活の話をした。 | 1．X2は、平成22年11月、Aに対し、「いくつになったん。」、「もうそんな歳になったん。結婚もせんでこんな所で何してんの。親泣くで。」と言った。 |
| 2．X1は、平成23年秋頃、Aが精算室に1人で勤務している際、同人に対し、「俺のん、でかくて太いらしいねん。やっぱり若い子はその方がいいんかなあ。」と言った。 | 2．X2は、平成23年7月頃、Aに対し、「30歳は、22、3の子から見たらおばちゃんやで。」「もうお局さんやで。怖がられてるんちゃうん。」「精算室にAさんがきたときは22歳やろ。もう30歳になったんやから、あかんな。」などという発言を繰り返した。 |
| 3．X1は、平成23年、Aが精算室において1人で勤務している際、同人に対し、複数回、「夫婦間はもう何年もセックスレスやねん。」「でも俺の性欲は年々増すねん。なんでやろうな。」「でも家庭サービスはきちんとやってるねん。切替えはしてるから。」と言った。 | 3．X2は、平成23年12月下旬、Aに対し、主任Cのいた精算室内で「30歳になっても親のすねかじりながらのうのうと生きていけるから仕事やめられていいなあ。うらやましいわ。」と言った。 |

第1　ハラスメントに対する基本的な心構え　15

| | |
|---|---|
| 4．X1は，平成23年12月下旬，Aが精算室内で一人で勤務している際，同人に対し，不貞相手の話をした後，「こんな話できるのあとちょっとやな。寂しくなるわ。」などと言った。 | 4．X2は，平成22年11月以後，しばしばAに対し，「毎月，収入どのくらい。時給いくらなん。社員はもっとあるで。」「お給料全部使うやろ。足りんやろ。夜の仕事とかせえへんのか。時給いいで？したらいいやん。」「実家にすんでるから，そんなん言えるねん。独り暮らしの子は結構やってる。MPのテナントの子もやってるで。チケットブースの子とかもやってる子いてるんちゃう。」などと繰り返し言った。 |
| 5．X1は，平成23年11月頃，Aが精算室において一人で勤務している際，同人に対し，不貞相手が自動車で迎えに来ていたという話をする中で，「この前，カー何々してん。」と言い，Aに「何々」のところをわざと言わせようとするように話を持ちかけた。 | 5．X2は，平成23年秋頃，A及びBに対し，具体的な男性従業員の名前を複数挙げて，「この中で誰か1人と結婚しなあかんとしたら，誰を選ぶ。」「地球に2人しかいなかったらどうする。」と聞いた。 |
| 6．X1は，平成23年12月，Aに対し，不貞相手からの「旦那にメール見られた。」との内容の携帯電話のメールを見せた。 | 6．X2は，セクハラに関する研修を受けた後，「あんなん言ってたら女の子としゃべられへんよなあ。」「あんなん言われる奴は女の子に嫌われているんや。」という趣旨の発言をした。 |
| 7．X1は，休憩室において，Aに対し，X1の不貞相手を推測できる女性の写真をしばしば見せた。 | |
| 8．X1は，Aもいた休憩室において，本件水族館の女性客について，「今日のお母さんよかったわ…。」「かがんで中見えたんラッキー。」「好みのひとがいたなあ。」などと言った。 | |

**外井弁護士の視点**

　セクハラの懲戒処分とそれに伴う異動としての降格処分の有効性が問題となった事案である。結論において，最高裁の判断は妥当であると考えるが，驚くべきは，Ｘ１，Ｘ２の懲戒処分が重いか否かという判断につき最高裁が判断を下したということであり，それだけ重大な法的問題であると判断したことである。懲戒処分が重すぎるか否かについて，通常の事案であれば，最高裁が弁論を開いて審理をすることは考えにくいことであるが，何故，このような事案についてだけ弁論を開き，高裁判決を取り消さざるを得なかったのか，大いに疑問がある。最高裁は，セクハラ問題，男女間の格差問題について，それだけセンシティブになっているということかもしれない。

---

**まとめ**

・環境型
・セクハラ行為につき，Ｘ１は出勤停止30日，Ｘ２は出勤停止10日の懲戒処分は有効
・出勤停止処分に伴う降格処分は有効

---

**事例5　学校法人M学園事件**（千葉地裁松戸支部平成28年11月29日判決，労働判例1174号79頁）

　Ｙ１学校法人が経営する大学の語学の非常勤教師Ｘが，大学のキャンパスの教室で学生Ｙ２から臀部を触られて，にやにやしながら「せんせいー，せんせいー。」と声をかけられた。その教師Ｘは，そのことを，専任講師や職員に，セクハラを受けたのでその学生Ｙ２をその教師の授業に出席させないようにして欲しいと伝えたが，Ｙ１法人はその学生の

授業出席を辞めさせることはできない旨の回答があった。

　Y1法人は，教師と学生の調査を行ったが，結論としては，「セクシャルハラスメント又はハラスメントに該当する事実は認められない。」と回答し，そのためXは学校を退職した。Xは，Y1法人による事実調査は不十分であり，さらに，両名の関係改善に向けた方策を何も講じなかったことから精神的な苦痛を受けたとしてY1法人に対しては，労働契約の債務不履行責任，学生Y2に対しては不法行為責任を追及した。

　判決は，学生Y2は，Xの臀部を触ってニヤニヤしながら「せんせいー，せんせいー」と幼児っぽい口調で言っていたとの事実も合わせて認定できるとして不法行為責任を認定し，Y1法人が，再度の事情聴取をせずに，ハラスメント調査委員会がハラスメント行為はなかったという結論を下したことについては，不十分な調査によって被用者である教師Xに不利な結論を下したという外はなく，Y1法人の措置は労働契約上の義務に違反すると認められると判断した。賠償額はY1法人は80万円，学生Y2は10万円と認定された。

### 外井弁護士の視点

　男性の大学生が授業中に男性教師の臀部を触って「せんせいー，せんせいー」と叫んだという事案であり，男性学生から男性講師という同性間のセクハラ行為といえる事案であるが，Y1法人は十分に調査せずに，ハラスメントとは認めず，教師Xからの要請を容れずにその学生の出席を拒否しなかった。そのY1法人の対応のまずさが責任が認められた原因である。

　また，Y1法人の対応のまずさはセクハラを認定せずに適切な対応をしなかったという点であり，**職場環境配慮義務違反**である。

> **まとめ**
> ・被告Y1学校法人は大学を経営
> ・原告Xは語学の非常勤講師
> ・学生Y2がXの講義中に臀部をさわり,「せんせいー,せんせいー」と声をかけた。XはY2の講義への出席の禁止を求めたがY1法人はそれを拒否
> ・学生Y2は不法行為責任
> ・Y1法人の事実調査が不十分で,学生Y2のハラスメントは認められるとしてY1法人の労働契約上の義務違反
> ・賠償額　慰謝料:
> 　　Y2は11万円(弁護士費用1万円を含む)
> 　　Y1法人は88万円(弁護士費用8万円を含む)

## 2. マタニティハラスメント

　マタニティハラスメントとは,女性労働者が妊娠・出産した場合に休業や健康管理上の措置をとる場合や,労働者が育児介護のために休業や時短勤務等の措置を受ける場合に,職場における解雇その他の不利益取扱いをしたり,就業環境を害する行為を行うことをいう。その行為は,元々職場においては従前から蔓延していたところもあり,一種のハラスメント行為である。このマタニティハラスメントについては,従前より法規制があってその違反であるから違法であり,判例・学説,さらに,法解釈としてもこれらの不利益取扱いや就業環境を害する行為について違法であるとの認識があるものである。その意味では,パワハラのように規制がなかったり,違法であるとの認識がないというような混沌とした状態にあるという類のハラスメントではなかった。

## (1) 妊娠・出産等の母性保護について

　均等法9条3項は，「事業主は，その雇用する女性労働者が妊娠したこと，出産したこと，労働基準法第65条第1項の規定による休業【筆者注：産前産後休業】を請求し，又は同項若しくは同条第2項の規定による休業をしたこと【筆者注：産前産後休業の取得】その他の妊娠又は出産に関する事由であつて厚生労働省令で定めるものを理由として，当該女性労働者に対して解雇その他不利益な取扱いをしてはならない。」と定めている。

　また，均等法11条の2第1項は，「事業主は，職場において行われるその雇用する女性労働者に対する当該女性労働者が妊娠したこと，出産したこと，労働基準法第65条第1項の規定による休業【筆者注：産前産後休業】を請求し，又は同項若しくは同条2項の規定による休業をしたこと【筆者注：産前産後休業の取得】その他の妊娠又は出産に関する事由であつて厚生労働省令で定めるものに関する言動により当該女性労働者の就業環境が害されることのないよう，当該女性労働者からの相談に応じ，適切に対応するために必要な体制の整備その他の雇用管理上必要な措置を講じなければならない。」と定められている。

### ① マタハラ指針について

　さらに，均等法11条の2第2項の規定に基づく指針（「事業主が職場における妊娠，出産等に関する言動に起因する問題に関して雇用管理上講ずべき措置についての指針」（平成28年8月2日厚労省告示312号，以下「マタハラ指針」という））が定められている。

　この嫌がらせについて，この指針は，「制度等の利用への嫌がらせ型」と「状態への嫌がらせ型」があるとする。

### i 制度等の利用への嫌がらせ型

「制度等の利用への嫌がらせ型」については，①妊娠中及び出産後の健康管理に関する措置，②坑内作業の就業制限及び危険有害業務の就業制限，③産前休業，④軽易な業務への転換，⑤変形労働時間制がとられる場合における法定労働時間を超える労働時間の制限，時間外労働及び休日労働の制限並びに深夜業の制限，⑥育児時間の利用に関する言動により就業環境が害されるものである。

マタハラ指針では，その就業関係が害されるものの典型として，次のア〜ウが掲げられている。

ア 解雇その他の不利益取扱いを示唆するもの

　女性労働者が，制度等の利用の請求等（措置の求め，請求又は申出をいう）をしたい旨を上司に相談したこと，制度等の利用の請求等をしたこと，又は制度等の利用したことにより，上司が当該女性労働者に対し，解雇その他不利益な取扱いを示唆すること

イ 制度等の利用の請求等又は制度等の利用を阻害するもの

　客観的に見て，下記㋐〜㋓のように言動を受けた女性労働者の制度等の利用の請求等又は制度等の利用が阻害されるものが該当する。

　㋐ 女性労働者が制度等の利用の請求等をしたい旨を上司に相談したところ，上司が当該女性労働者に対し，当該請求等をしないように言うこと

　㋑ 女性労働者が制度等の利用の請求等をしたところ，上司が当該労働者に対し，当該請求等を取り下げるよう言うこと

　㋒ 女性労働者が制度等の利用の請求等をしたい旨を同僚に伝えたところ，同僚が当該女性労働者に対し，繰り返し又は継続的に当該請求等をしないように言うこと（当該女性労働者がその意に反することを当該同僚に明示しているにもかかわらず，更に言うことを含む）

㊁　女性労働者が制度等の利用の請求等をしたところ，同僚が当該女性労働者に対し，繰り返し継続的に当該請求等を取り下げるよう言うこと（当該女性労働者がその意に反することを当該同僚に明示しているにもかかわらず，更に言うことを含む。）

ウ　制度等の利用をしたことにより嫌がらせ等をするもの

客観的に見て，言動を受けた女性労働者の能力の発揮や継続就業に重大な悪影響が生じる等当該女性労働者が就業する上で看過できない程度の支障が生じるようなものが該当する。女性労働者が制度等の利用をしたことにより，上司又は同僚が当該女性労働者に対し，繰り返し又は継続的に嫌がらせ等（嫌がらせ的な言動，業務に従事させないこと又は専ら雑務に従事させることをいう）をすること（当該女性労働者がその意に反することを当該上司又は同僚に明示しているにもかかわらず，更に言うことを含む）

**ii　状態への嫌がらせ型**

「状態への嫌がらせ型」とは，①妊娠したこと，②出産したこと，③坑内業務の就業制限若しくは危険有害業務の就業制限又はこれらの業務に従事しなかったこと，④産後の就業制限の規定により就業できず又は産後休業したこと，⑤妊娠又は出産に起因する症状により労務の提供ができなかったこと又は労働能率が低下したこと等の妊娠・出産に関する事由に関する言動により就業環境が害されるものをいうとされる。

マタハラ指針では，典型的な例として，次のア，イが掲げられている。

ア　解雇その他不利益取扱いを示唆するもの

女性労働者が妊娠等したことにより，上司が当該女性労働者に対し，解雇その他不利益な取扱いを示唆すること。

イ　妊娠等したことにより嫌がらせ等をするもの

客観的にみて，言動を受けた女性労働者の能力の発揮や継続就業に

重大な悪影響が生じる等当該女性労働者が就業する上で看過できない程度の支障が生じる者が該当する。

　女性労働者が妊娠等したことにより，上司又は同僚が当該女性労働者に対し，繰り返し又は継続的に嫌がらせ等をすること（当該女性労働者がその意に反することを当該上司又は同僚に明示しているにもかかわらず，更に言うことも含む。）

## (2) 育児・介護休業等について

　育児・介護に関しては，「育児休業申出をし，又は育児休業をしたことを理由として，当該労働者に対して解雇その他不利益な取扱いをしてはならない」（育介法10），「介護休業申出及び介護休業」したことを理由に解雇その他不利益な取扱いをしてはならない（育介法16），看護休暇に関しては，「看護休暇申出及び子の看護休暇を取得したことを理由として，解雇その他不利益な取扱いをしてはならない」（育介法16の4），介護休暇に関しては，「介護休暇申出及び介護休暇を取得したことを理由として，解雇その他不利益な取扱いをしてはならない」（育介法16の7），同様の規定が，所定外労働の制限（育介法16の10），時間外労働の制限（育介法18の2），深夜業の制限（育介法20の2），3歳未満の子を養育する労働者が所定労働時間の短縮の申出，短縮の措置を受けたことを理由として，解雇その他の不利益な取扱いをしてはならない（育介法23の2）との不利益取扱いの禁止の規定が設けられている。

　さらに，育児介護休業法25条では，「事業主は，職場において行われるその雇用する労働者に対する育児休業，介護休業その他の子の養育又は家族の介護に関する厚生労働省令で定める制度又は措置の利用に関する言動により当該労働者の就業環境が害されることのないよう，当該労働者からの相談に応じ，適切に対応するために必要な体制の整備その他の雇用管理上必要な措置を講じなければならない。」とされている。

① 「育児介護指針」

そして、育児介護休業法28条にもとづいて、育児介護指針（「子の養育又は家族の介護を行い、又は行うこととなる労働者の職業生活と家庭生活との両立が図られるようにするために事業主が講ずべき措置に関する指針」平成21年12月28日厚労省告示第509号）も定められている。

その指針の中で、育児介護休業法10条、16条、16条の4、16条の7、16条の9、18条の2、20条の2、23条の2により禁止される解雇その他不利益な取扱いにつき、具体的なものが指摘されている。

すなわち、それらの不利益取扱いというのは、下記の通りである。

---

イ 解雇すること。
ロ 期間を定めて雇用される者について、契約の更新をしないこと。
ハ あらかじめ契約の更新回数の上限が明示されている場合に、当該回数を引き下げること。
ニ 退職又は正社員をパートタイム労働者等の非正規社員とするような労働契約の内容の変更の強要を行うこと。
ホ 自宅待機を命じること。
ヘ 労働者が希望する期間を超えて、その意思に反して所定労働時間の制限、時間外労働の制限、深夜業の制限又は所定労働時間の短縮措置等を適用すること。
ト 降格させること。
チ 減給をし、又は賞与等において不利益な算定を行うこと。
リ 昇進・昇格の人事考課において不利益な評価を行うこと。
ヌ 不利益な配置の変更を行うこと。
ル 就業環境を害すること。

---

さらに、「解雇その他不利益な取扱いに該当するか否かについて」勘案すべき事項についても要素が掲げられているが、ここでは省略する。

## (3) マタハラに関する裁判例

マタハラに関しては、5件ほど関連判決があるので、紹介する。

**事例1** 広島市中央保健生協事件（最高裁一小平成26年10月23日判決（労働判例1100号5頁）、差戻後控訴審：広島高裁平成27年11月17日判決（労働判例1127号5頁））

> 理学療法士である副主任の女性Ｘが妊娠したので、Ｘは労基法65条3項による「軽易な業務」への転換を求め、勤務先であるＹ生協も転換に応じたが、その転換に際して、Ｘについて、副主任を免じ（本件措置1）、さらに産前産後休業、育児休業終了後に復帰しても副主任に任じなかった（本件措置2）。
>
> そのため、Ｘは、主位的請求として本件措置1は均等法9条3項に違反し無効なものである、予備的請求として本件措置2は均等法9条3項に違反するものとして、管理職（副主任）手当（月額9,500円）の支払いと債務不履行または不法行為に基づく損害賠償請求権を行使した。第一審（広島地裁平24年2月24日判決、労働判例1100号18頁）、控訴審（広島高裁平24.7.10判決、労働判例1100号15頁）ともＸの請求を棄却した。
>
> (1) 最高裁判決の内容
>
> 最高裁判決は、結論として控訴審判決（広島高裁平24年7月29日判決）を破棄して差戻しをした。骨子は、以下のとおりである。
>
> ・Ｘが軽易業務への転換及び本件措置により受けた有利な影響の内容や程度は明らかではない一方で、Ｘが本件措置により受けた不利な影響の内容や程度は管理職の地位と手当等の喪失という重大なものである上、本件措置1による降格は、軽易業務への転換期間の経過後も副主任への復帰を予定していないものといわざるを得ず、Ｘの意向に反す

- Xにおいて，本件措置1による影響につき事業主から適切な説明を受けて十分に理解した上でその諾否を決定し得たものとはいえず，Xにつき……自由な意思に基づいて降格を承諾したものと認めるに足りる合理的な理由が客観的に存在するということはできないというべきである。
- 本件措置1については，Y生協における業務上の負担の軽減の内容や程度を基礎付ける事情の有無などの点が明らかにされない限り，……均等法9条3項の趣旨及び目的に実質的に反しないものと認められる特段の事情の存在を認めることはできないものというべきである。

(2) 差戻し後の控訴審判決の内容

差戻後の控訴審は，本件最高裁判決を受け，本件措置1につき，均等法9条3項違反であるとして，慰謝料100万円と副主任手当不支給額全額の支払いを命じたが，その骨子は以下のとおりである。

- 本件措置1について

   均等法9条3項の規定は，同法の定める目的及び基本理念を実現するためにこれに反する事業主による措置を禁止する強行規定として設けられたものと解され，女性労働者につき軽易業務への転換等を理由として不利益取扱いをすることは同項に違反して違法であり，無効であると解されるところ，本件措置1につき，これを違法，無効でないとする事由が存在しない。

- Xが，リハビリ科に異動した後に副主任を免ぜられたことに異議を留保したり，育児休業明けに副主任の地位がどうなるかを尋ねなかったことについても，Xが既に副主任を免ぜられることを受け入れ，産前休暇までの間，新しい職場で働き無事出産することに専念していた……ことから考えれば，この事実から，Xが副主任免除に異議がなかったとまではいえず，承諾を自由意思だと認定する合理的理由が客観的

- に存在するとまではいえない。
- Y生協には,本件措置1をなすにつき,使用者として,Xとしての母性を尊重し職業生活の充実の確保を果たすべき義務に違反した過失(不法行為),労働法上の配慮義務違反(債務不履行)があるというべきであり,その重大さも不法行為又は債務不履行として民法上の損害賠償責任を負わせるに十分な程度に達している。

### 外井弁護士の視点

　本件の最高裁判決,差戻し後の控訴審判決が,これまで見過ごされてきた出産前後の「軽易な業務」への配転による降職と賃金(手当)の減額につき,原則として違法であるとの判断を下したことは画期的である。

　出産前後の女性が軽易な業務を希望するに際し,使用者からその配転先の業務に就くと降職になり,手当が減額になることを告げられれば,当該女性は出産や育児を重視して,不本意ではあってもそれに応じざるを得ない状況に置かれているのは当然の事理であり,積極的に同意することはまずないと考えてよい。その置かれている立場を理解せずに形式的に同意しているから,降職やそれに伴う賃金の減額は本人の意思に合致しているということではない。この点につき,一審判決も,差戻し前の控訴審判決も形式的に同意していることを以て,原告Xの請求を棄却しているのは形式的・表面的な判断であると言える。その意味で,自由意思に基づいて降格を承諾したものと認めるに足りる合理的な理由が客観的に存在することを要求したことは,職業についている妊産婦にとって朗報といえるだろう。

### まとめ

・原告X,被告Y生協

・妊娠したので軽易な業務への転換を求めたことで副主任を免じたことは，管理職の地位と手当を喪失したものであり，Xの意向に反するもの
・Xは，事業主から適切な説明を受けて十分に理解した上で，その諾否を決定したと言うことはできず，自由意思に基づいて降格を承諾したものと認めるに足りる合理的な理由が客観的に存在するということはできない。
・降格処分は無効
・手当の不支給は違法
・慰謝料100万円

**事例2** **ネギシ事件**（第一審：東京地裁平成28年3月22日判決（労働判例1145号130頁），控訴審：東京高裁平成28年11月24日判決（労働判例1158号140頁））

被告Y社は，鞄の製造，卸を手がける会社であり，原告Xは，平成23年7月1日に入社し，当初から営業部門に所属していた。Xは，平成26年5月に妊娠が判明し，Y社の代表者も同年6月これを認識した。Y社は，平成26年8月12日にXに対して，同年9月30日付で解雇する旨の意思表示をした。Y社は，解雇理由は，Y社就業規則40条3号（協調性がなく，注意及び指導しても改善の見込みがないと認められるとき），5号（会社の社員としての適格性がないと判断されるとき）であり，妊娠したことが理由ではないと主張した。なお，均等法9条4項は，「妊娠中の女性労働者及び出産後1年を経過しない女性労働者に対してなされた解雇は，無効とする。ただし，事業主が当該解雇が前項に規定する事由を理由とする解雇でないことを証明したときは，この限りではない。」

と定めている。

　一審判決は、Y社の主張するXの具体的な言動について、その信用性を認めず、「Y社が解雇理由として指摘する事実は、その事実が認められないか、あるいは、有効な解雇理由にならないものであるから、Xに対する注意・指導に関する主張はその前提を欠く。Xが就業規則40条3号、5号に該当するとは認められず、そうすると、仮にY社主張のとおり、本件解雇がXの妊娠を理由としたものではないとしても、本件解雇には、客観的な合理的理由を欠き、社会通念上相当であると認められず、解雇権を濫用したものとして無効である（労働契約法16条）。」と判断した。

　これに対して、控訴審判決は全く逆の認定をしている。具体的な事由は省略するが、判決は、「Xのこのような態度等は、単に職場の良好な人間関係を損なうという域を超えて、職場環境を著しく悪化させ、Y社の業務にも支障を及ぼすものであるから、就業規則40条3号にいう『協調性がなく、注意及び指導をしても改善の見込みがないと認められるとき』に該当するほか、同条5号にいう『会社の社員としての適格性がないと判断されるとき』に該当すると認められる。」「そうすると、Xについては、上記のとおり就業規則に定める解雇事由に該当し、しかも、本件解雇はやむを得ないものと認められるから、本件解雇につき客観的に合理的な理由がないとか、社会通念上も相当として是認できないということはできない。したがって、本件解雇は、解雇権の濫用に当たるものではなく、有効であると認められる。」「本件解雇は、妊娠中のXに対してされたものではあるが、……Xが妊娠したことを理由としてされたものではないことをY社が証明したものといえるから（なお、本件解雇の直前にXの妊娠が発覚したが、Xは以後の雇用が継続されており、Y社が妊娠を理由として職員を解雇しようとしていたことは証拠上窺われない。）、同条4項但書により、本件解雇が無効になるものではない。」

と判断されている。

　本件は、Xから上告がなされていたが、上告棄却、上告受理申立の不受理という決定が出ている（最高裁三小平成29年7月4日決定）。

### 外井弁護士の視点

　妊娠中及び出産後1年以内の解雇は原則として無効とする均等法9条4項の規定の適用について無効と推定されるにもかかわらず、Y社の主張立証が奏功したということである。これは事実認定の問題であるが、Y社はよくそれを主張立証できたものと思われる。しかし、これは、たまたまY社の主張立証が成功したというに過ぎず、一般的には、妊娠中及び出産後1年以内の解雇であれば、妊娠や出産を理由とする解雇として認定されやすいというのが現実であり、使用者側としては大いに注意すべきことである。

### まとめ

- 被告Y社は鞄の製造、卸業、原告X
- 妊娠中、出産後1年以内の解雇は無効と推定される。
（均等法9条4項は、「妊娠中の女性労働者及び出産後1年を経過しない女性労働者に対してなされた解雇は、無効とする。ただし、事業主が当該解雇が前項に規定する事由を理由とする解雇でないことを証明したときは、この限りではない。」と定めている。）
- 使用者が、別の解雇事由を証明して、それが解雇の合理的な理由に相当するものであれば解雇は有効となる。
- 一審：解雇無効
　控訴審：解雇有効

**事例3** ツクイほか事件（福岡地裁小倉支部平成28年4月19日判決（労働判例1140号39頁））

> 介護職員であった女性職員Xが妊娠し，それを営業所の所長に対して報告し，業務軽減の申出をしたにもかかわらず，Y社は1か月以上も軽減措置の対応をせず業務軽減措置を講じなかった。また，2度目の業務軽減の申出をするまでの間，会社は約4か月間業務軽減の措置を執らなかった。その後，Xの業務軽減をして勤務時間を1日4時間とし，さらに業務を変更したが，Y社は業務別賃金を採用しており介護職から事務職となったため時給額が990円から800円に下げられたので差額分の請求をした。
>
> 判決は，2回の報告・業務軽減の申出に対して業務軽減の措置を講じなかったことを理由に慰謝料として金35万円の支払を命じた。他方，業務別賃金は契約書にも記載してあり，X本人も了解していたとして，その請求を棄却した。

**外井弁護士の視点**

この事案は，事例1の広島市中央保健生協事件の最高裁判決と比較しなければならない。Xは業務軽減の要求をしたが，Xは管理職ではないので降職になったわけではないし，時給額が下がったという不利益は発生しているが，それは，介護職と事務職の時給額が異なっていたからということであって，管理職手当が外れたわけではないということであり，減額はやむを得ない判断ではないかと思われる。

**まとめ**

・被告Y社は介護施設，原告Xは介護職員
・女性の介護職員Xが妊娠したので，2度程，業務軽減の申出をしたの

第1　ハラスメントに対する基本的な心構え　31

に使用者が講じなかったことは違法であるとして，慰謝料35万円が認められた。
・使用者が業務を軽減して介護職から事務職にしたが，業務別の賃金制が定められており，介護職の時給額から事務職の時給額へと減額されたことは違法ではない。

**事例4**　**シュプリンガー・ジャパン事件**（東京地裁平成29年7月3日判決（労働経済判例速報2332号3頁））

　産前産後休業，育児休業取得後に解雇したという事例であり，女性労働者Ｘが，産前産後休業及び育児休業を取得した後に解雇されたので，均等法9条3項，育児介護休業法10条に違反して無効であり，地位確認請求，賃金請求，退職強要解雇の実施が不法行為に該当するとして損害賠償をした。
　判決は，被告Ｙ社が外形上妊娠等以外の解雇事由を主張しているが，それが客観的に合理的な理由を欠き，社会通念上相当であるとは認められないことを認識しており，あるいは，これを当然に認識すべき場合において，妊娠等と近接して解雇が行われたときは，均等法9条3項及び育休法10条の各規定に反しており，少なくともその趣旨に反した違法なものと解するのが相当であると判断した。すなわち，解雇は無効として，未払賃金の請求を認容し，さらに慰謝料として金50万円の賠償を認めた。

**外井弁護士の視点**

　Ｙ社の主張立証する解雇の理由が信用できないとされたわけであり，そうすると，時期的に見て産休・育休取得後の解雇であるため，産休・

育休取得を理由とする解雇として解雇が無効と判断されたのである。

> **まとめ**
> ・被告Y社,原告X
> ・産休取得,育休取得後のXに対する解雇は,均等法9条3項,育児介護休業法10条違反で無効
> ・使用者Y社が別の解雇事由を主張したが,その解雇理由が客観的に合理的な理由を欠き,社会通念上相当ではないことを認識しており,妊娠等の時期に近接してなされたときは,解雇は趣旨に反して違法なものである。

**事例5** コメット歯科クリニック事件(第一審:岐阜地裁平成30年1月26日判決(労働経済判例速報2344号3頁),控訴審:名古屋高裁平成30年12月17日判決(労働判例ジャーナル186号46頁))

原告Xは歯科技工士であり,被告Y1は歯科クリニック医院を営む歯科医師である。被告Y2はクリニックの副院長である。Xは,平成22年3月8日にYに歯科技工士として採用された。

Xは平成25年4月10日に婚姻し,同年6月1日にYらに妊娠の報告を行い,同年12月末から産休及び育休を取得して,平成26年1月4日に第一子を出産した。

Xは,平成27年1月13日に,クリニックに復職したが,同年1月23日に第二子の妊娠が判明したため,Y1らに対して,産休及び育休を取得したい旨申し入れた(Xは第二子を同年6月19日に出産した。)。

① その後,Y2は,Xが妹の結婚式に出席するために有給休暇の請求をしたところ,「給料をもらって行こうなんて浅ましい。」と発言した。

② Y2は，平成27年2月12日から同月22日までの間，Xに対して技工指示書を渡さず，仕事を与えなかった。
③ Y1は，平成27年2月16日の朝礼の席で，他の従業員がいる前でたとえ話としてではあるが皆がXのこととわかる話をして，Xとわかる人物について失礼な態度を取っていることについて，その同意を求めるために従業員に挙手までさせた。
④ Y1は，Xに対して同年2月27日頃，減給の懲戒処分を行い，2月分の給料から7,520円が控除された。また，Y1は2月分の精勤手当1万2,000円を支給しなかった。その懲戒処分には2つの理由があるとされ，①1つは，Xが，労働局に対して，本件クリニックの従業員である他の妊婦を例に挙げた上で本件クリニックが妊産婦に対して不当に時短を命じている旨の虚偽の報告をしてその妊婦と本件クリニックとの間の信頼関係を損なったこと，ⅱXとY1及びその妊婦が同席して①に関する事実関係を確認する際に，Xが声を荒げて反抗的な態度を示し，Y1の名誉を傷つけると共に，その妊婦にショックを与えて本件クリニックのスタッフ間の信頼関係を損なったこと，ⅲ①に関する報告書を求められたものの，Xが報告書としては考えられない文書の提出をしたということである。

Xは，平成27年3月16日に，医院を早退してメンタルクリニックを受診し，不安抑鬱状態と診断され，1か月の休養加療を要する旨の診断を受けた。そして3月18日に体調不良を理由に早退し，同月20日以降，体調不良を理由にYに出勤せず，休職状態となった。同年4月11日，不安抑鬱状態であるから17日から3か月の休養加療を要する旨の診断を受け，同年8月12日には，抑鬱神経症と診断されて休養加療を要する状態が続いている。Y1は，Xの代理人弁護士に対して，平成27年10月7日付でY1代理人弁護士名で休職期間が同年9月16日を以て満了したため一般退職扱いとした旨の通知をした。

判決は，①有給休暇の請求を拒絶したこと，②朝礼の席でXのこととわかるたとえ話をして，Xが失礼な態度を取っていることについて他の従業員に同意を求めて挙手させたこと，③無効な懲戒処分を行ったこと（当該懲戒処分については，ⅰの虚偽の報告は認められず，ⅱのYの名誉を傷つけたことや反抗的な態度は認められない，ⅲの報告書の内容が乏しいものであっても服務規程に反するものではないと判断した），④Xを退職扱いにしたこと（Xのうつ病を，Y1らの行為によって精神的負荷を受けており，その積み重ねによって発症したものとして業務起因性を認め，休職期間満了退職は労基法19条1項に反して無効とする）を，それぞれ不法行為と判断した。
　その上で，判決は，Y1に対して，退職無効による賃金の支払請求を認めるとともに，退職に関する慰謝料を100万円（弁護士費用10万円）を，Y1とY2に対して，有給休暇取得妨害，技工指示書の不交付，朝礼におけるたとえ話についての慰謝料50万円（弁護士費用5万円）の支払いを命じた。
　控訴審判決は，基本的には一審判決を踏襲したが，本件退職は無効であり，地位の確認と退職扱い前の賃金，今後の賃金の支払いが確保されたので，一審判決で認められていた退職に関する慰謝料100万円（弁護士費用10万円）は認められないと判断したが，それ以外のマタハラ行為による精神的苦痛に対する慰謝料50万円をY1とY2で連帯して支払う義務があると判断した。

> **外井弁護士の視点**

　Y1らは基本的に母性保護の観点が欠けていると思われる。中小企業では，同様の事案が多いと思われるが，このような法令無視の対応をしていると，重大な制裁を受けるということを示した事例といえる。

> **まとめ**
> ・被告Y1は歯科クリニック院長，被告Y2は副院長，原告Xは歯科技工士
> ・妊娠のため，産休・育休を請求した女性歯科技工士Xに対し，Y1，Y2が有給休暇請求を拒絶し，朝礼の席でその女性歯科技工士が失礼な態度を取っていることに他の業員の賛同を求めたこと，無効な懲戒処分をしたこと，休職期間満了退職扱いにしたこと（うつ病の業務起因性があるにもかかわらず）は不法行為である。
> ・X退職
> ・退職無効（賃金請求を認容）
> ・賠償額（慰謝料）
> （一審）Y1に退職につき100万円，Y1とY2に連帯してその他のハラスメントにつき50万円
> （控訴審）Y1とY2に連帯してその他のハラスメントにつき50万円

## 3．アカデミックハラスメント

アカハラとは，アカデミックハラスメントの略語で，研究教育機関に関わる優位な力関係の下で行われる理不尽な行為をいう。形態としては，大学の教授などが学生に対して行うセクハラ型もあれば，パワハラ型もある。

### (1) セクハラ型

セクハラ型としては，T大学事件（仙台地裁平成11年5月24日判決，判例時報1705号135頁），P大学事件（第一審：大阪地裁平成23年9月16日判決（労働判例1037号20頁），控訴審：大阪高裁平成24年2月28日判決（労働判例

1048号63頁）がある。

### 事例1　T大学事件

> T大学の大学院生Xが，その指導教官であったY（既婚者）の指導の下で研究に励んでいたが，Yが指導を降りるとXは修士論文が提出できなくなり，また，博士課程進学後もYの指導を受けられなくなることを恐れ，Yの要求に応じて性的接触を繰り返し，さらに3回にわたってホテルでの肉体関係を結んだ。また，YはXの自宅に架電し，Xの私生活に過度に干渉してXの平穏な生活を害した。これらのYの行為について，判決は，「Yの不法行為は，長期及び多様である上，教育に携わる者としてあるまじき振る舞いであり，特にXが不安神経症に苦しんでいることに乗じて，妻子ある身でありながら，自己の身勝手な欲望を満足しようと図り，Xに性的接触を受忍させ，ついには肉体関係まで結ばせたことは，悪質という外なく，Xが将来にわたって拭い難い精神的苦痛を受けたことは明らかである。また，関係を拒絶されるや，論文の書き直しを命じて報復した」と認定している。なお，Xの慰謝料は750万円であった。なお，被告は個人のみであり，大学法人は被告にはされていない。

### 外井弁護士の視点

　国立大学大学院の助教授で妻子あるYが，その地位を利用して，拒みにくい状況にある女性大学院生Xに対し，肉体関係まで結び，その関係の継続を拒まれると報復するなど，教育に携わる者としてあるまじき振舞いである。Xは不安神経症に苦しんでおり，醜態としか言いようがない。この種の事案で慰謝料750万円は高額であるものの，事案の内容からすれば，むしろ低額という印象を持つ。

> **まとめ**
> ・原告Xは大学院生，被告Yは指導教官（助教授）
> ・ＸＹ間の肉体関係を強要
> ・自宅に架電し，私生活に過度に干渉
> ・慰謝料750万円

### 事例2　Ｐ大学事件

　被告Y（大学）のB学部教授Xが，B学部所属の准教授A（女性）に対して，平成19年6月から平成20年1月にかけて，セクハラを行い，Yが減給処分を行ったためにXが懲戒処分（減給）の無効の確認を求めたという事案である。

　セクハラの内容としてAが主張しているのは，①飲酒の約束に至るセクハラ行為（性的意図を持った執拗・強引な誘い），②飲食店内におけるセクハラ行為（XがAの左太股の付け根部分に5〜10秒手を置いて，Aが拒絶したにもかかわらず，7〜10回程度その行為を繰り返したこと等），③地下鉄千日前駅から乗車後の地下鉄車中におけるセクハラ行為（腕を組もうとして二の腕を捕まれる行為等），④阪急の駅構内におけるセクハラ行為（Aの正面から自分の懐へ腰から抱き寄せる行為）である。

　一審判決（大阪地裁平成23年9月16日判決）は，セクハラ行為があったとまでは認定できないと判断し，懲戒処分は無効とした。

　すなわち，①については，本件飲食を約束するに至る経緯，その際の教授であるXとAとの間で更新されたメールの内容（Aからメールアドレス等を知らせるなど積極的な対応をしているのに対して，Xから送信された内容をみると，XがAに対して，自らの地位を利用して高圧的な

態度を取っているとは認められない)、②本件当日のAの言動（特に飲食店において長時間飲食を共にしていたこと、XがAと違う経路で帰ろうとしているにもかかわらず、Xが購入した切符を交換し、同じルートで帰ったこと、電車の駅での別れ際にAの方からXに握手を求めていること、帰途途中にAの方からXにメールを送信していること、AがXに送信したメールの内容)、③Xは、Aに対し、執拗にメールを送信したり、電話もしていないこと、XがAに対して送信したメールは、本件当日及びその前後のいずれの段階においても、特にAとの立場の違いを意識した高圧的な内容ではないこと、かえって、Xは、平成20年1月24日、Aに対し、「どうも先週は不愉快な思いをさせたようで、ごめんなさいね。X」とメールを送信しているところ、仮に、XがAが証言等するようなセクハラ行為をし、かつ、同行為が原因でAがXを避ける行動を取っていると認識していたならば、かかる内容のメールを送信するということは不自然かつ不合理であると考えられる、④Aの証言は具体的なものであるとはいえ、同証言と説示したAの言動との間には、不合理かつ不自然な面があると言わざるを得ないこと（Aが証言するXによるAに対するセクハラ行為の態様、特に店舗内における身体的接触行為の内容からすると、たとえXとAの地位を考慮に入れたとしても、その後のAの言動は不可解であると言わざるを得ない)、⑤Aに私生活に関する情報はなく、Aを取り巻く背景事情は不明であること（Aは証人尋問において、頑なに相談した家族が具体的に誰なのかについて、合理的な理由を述べることがなく、Aの家族関係に特殊な事情があるのではないかとの疑いを抱かせるものである)、以上を指摘することができ、総合的に勘案すると、Aが主張するようなXの言動（セクハラ行為）があったとまで認めることはできないと言わざるを得ない。

このように、Aの証言についての信用性は低く、セクハラ行為の成立を否定し、P大学のなした懲戒処分を無効とした。

これに対して，控訴審は，Ａの証言を信用して判断を覆した。
「……本件当日の経緯に関するＡの証言は，具体的かつ詳細で，迫真性もある上，終始一貫しており，その内容等に特段不自然・不合理な点はない。そして，Ａが虚偽のセクシャル・ハラスメント行為を作出してＸを陥れようとする動機は何ら想定することができない。むしろ，Ａは，本件大学に着任して間もない准教授の立場にあり，本件大学において自己のキャリアを積み重ねていこうとしたものであるから，大学内部においてセクシャル・ハラスメントの被害を訴えることが自己のキャリア形成等にマイナスとなるのではないかと考えて，救済申立てに至るまでに相当に逡巡した様子が認められることからしても，Ａにおいて，自己に不利益が及ぶ危険をかえりみず，あえて虚偽のセクシャル・ハラスメント被害を作出したものとは到底考えられない。また，Ａは，本件当日以降，それまでの表面的態度を一変させて，Ｘを避けるようになったところ，これは，Ｘからセクシャル・ハラスメント行為を受けたためであると考えられ，同行為があったことの証左というべきである（Ａの態度が急変したことを理由づけ得る他の事情は見い出せない。)。そして，Ｘもこのような Ａの急変に気づき，謝罪するメールを送信しているのであって，この点も，Ａが被害を受けたことを推測させるというべきである。加えて，Ａは，その後に心身に変調を生じているところ，その症状はセクシャル・ハラスメントの被害者にみられる症状と一致しているとの専門家の所見があり，この点もＸによるセクシャル・ハラスメント行為の存在を推認させるものである。」と述べて，被害者Ａの証言を重くみて信用した。

また，Ｘからの反論で，①Ａが本件当日の飲酒の誘いに応じたこと，②本件店舗において席を立つ等していないこと，③帰宅の際にもＸと同一のルートを通ったこと，④別れ際に握手を求めたこと，⑤別れた後に電車内からＡに対する感謝といたわりのメールを送信していることは，

本件当日に何らのセクシャル・ハラスメント行為もなかったことの証拠であると主張していることについて，「しかしながら，AがXからの飲酒の誘いに応じるなどしたのは，Xが本件学部の教授の地位にあり，発言力があると感じており，これを拒否すると自己の本件学部内での立場に不利益が生じないとも限らないと考えたためであったと認められ，また，隣合わせの飲酒の席でセクシャル・ハラスメント行為を受けたからといって，直ちに席を立って帰宅するなどすることも容易ではないものと考えられ，Aは，上記のように本件学部におけるXと自己との関係を考慮し，Xの機嫌を損ねることを避け，自己に不利益が生じないようにしたいと思って，本件店舗で最後まで同席したり，同一のルートを通って帰宅し，別れ際に握手を求めたり，謝礼のメールを送信したものと認めるのが相当である。そして，AがXに対して拒否的な態度や不快感を明確に示さなかったからといって，AがXの言動に対して何ら不快感を抱かなかったといえるものでないことは勿論，セクシャル・ハラスメント行為がなかったことを推認させるといえるものでもない。」と述べている。

その上で，懲戒処分は有効であったとして，一審判決を取り消した。

## 外井弁護士の視点

セクハラ行為があったか否かについては，目撃者がいない場合には，加害者と被害者の供述のどちらが信用できるかという判断にならざるを得ない面があり，本件では，一審では被害者Aの証言の態度がやや綿密さに欠けるところがあり信用されなかったものと思われる。一方，控訴審では，丁寧な立証がなされたのではないかと推察する。

なお，Y大学の行った処分は減給処分であるが，軽すぎると感じる。

第1　ハラスメントに対する基本的な心構え　41

> **まとめ**
> ・大学の同学部の教授X（男）と准教授A（女）との関係
> ・大学はセクハラとして教授を懲戒処分（減給処分）
> ・被告は大学Y，原告は教授X
> ・一審判決（セクハラではない。懲戒処分は無効），控訴審判決（セクハラである。懲戒処分は有効）で判断が分かれる

(2)　パワハラ型

パワハラ型としては，兵庫教育大学事件（神戸地裁姫路支部平成29年11月27日判決，判例タイムズ1449号205頁）がある。

**事例3**　兵庫教育大学事件

> 被告Y1（大学）の大学院に通っていた女性の中学校教諭Xは，平成24年4月から8月までの間，発達心理学の教授Y2のゼミに所属していたが，Y2から自分の研究データの削除を求められたり，地獄を見ろと怒鳴られたりして，ゼミの変更を余儀なくされたという事案である。Y1は内部調査でハラスメントがあったことを認定し，平成26年3月にY2を減給の懲戒処分にし，Y2は平成27年3月に退職したが，平成27年10月，XはY1大学と元教授Y2に対して慰謝料などそれぞれ1,000万円の支払を求める訴訟を提起した。
> まず，判決はY2の25もの主張されている違法とされる言動について詳細な認定をした。
> （例）
> ・Y2がXに対してした下記の発言
> 「あんたは発達障害だよ」

「いい精神科知っていますよ。教えてあげようか」
「あんたは1から100まで言わんとわからんのか！」
「昨日隣の部屋であんたの試行カウンセリング聞いてたけど，あれはひどい，あれはカウンセリングじゃない。ただのおばちゃんの世間話をしとるとしか言いようがない」
「だいたい私に何を求めているんだ」
「地獄を見ろ」
・Xのことを「おばさん」と呼ぶ
・Xが検査室に於いて資料を閲覧していたところ，Y2は使用目的を確認することなくXから検査室の鍵を取り上げた

　これらの行為について，判決は，民法709条の不法行為に当たると判断した。

　また，判決は，Y1の責任につき，「Y1大学は，信義則上，教育，研究に当たって支配管理する人的及び物的環境から生じ得る危険から，学生の生命及び健康等を保護するよう配慮すべき安全配慮義務を負うと解される」と解した上で，安全配慮義務の具体的な内容として，「アカデミックハラスメント行為が発生する以前においては，①アカデミックハラスメント行為の防止のために教職員に対する教育・研修を実施する義務があり，また，実際にアカデミックハラスメントが発生した後においては，②被害を申告してきた被害者の言い分に耳を傾けて誠実に対応し，③被害者の学習環境が損なわれることのないように配慮をし，④事実関係を調査して適切な時期に被害者に報告するとともに，⑤加害者によるさらなる加害行為を防止する義務を負っていると解するのが相当である。」としている。

　その上で，次のように判示した。
① 教育・研修義務について　「再度アカデミックハラスメント行為を

しないように，Y２教授に個別に教育・研修を実施していなかったことは教育研修として不十分であり，上記義務に違反するというべきである。」

② 誠実対応義務違反について 「Y１大学の担当者は，ハラスメントの被害を受けたとされる者からハラスメント対策委員会を立ち上げたいとの要望がなくとも，ハラスメント対策委員会を立ち上げることが可能であることを知らなかった上，原告に対し，相談員が相談内容を相談記録票に記載することでハラスメント対策委員会が設置されるという手続の流れについて明確に説明しなかったことが認められ，上記義務に反する。」

③ 学習環境配慮義務違反について 「Y１大学は，Y２に対し，院生ルームへの出入禁止，Xに対する誹謗中傷やXの名誉を毀損するような言動を禁止するなどの措置を一切講じておらず，Xが安心して研究活動に取り組めるような環境を整備する義務に違反した。」

④ 調査報告義務違反について 「Y１大学は，調査の開始を遅らせ，調査の進捗状況や最終の結果についての報告が不十分であった点で，調査報告義務に反する。」

⑤ 再発防止義務違反について 「ところが，Y１大学は，平成24年11月以降，一定の措置を講じたのみで，それ以上に何らの措置を講じておらず，その結果，Xは，平成25年４月に再度アカデミックハラスメント行為を受けていることからすれば，Y１大学は，上記義務に反している。」

その上で，被告Y２に対しては，不法行為としてY１と連帯して110万円，さらにY１に対しては別途安全配慮義務違反として金143万円を支払えと判断した。

> **外井弁護士の視点**

　教授であるＹ２は，Ｘが中学校教諭であり，普通の学生と異なるためか，Ｘのことが気に入らなかったようで，Ｘに対して様々な暴言や嫌がらせ行為を行っており，パワハラであることは明白である。Ｙ１（大学）は，速やかにハラスメント対策委員会を立ち上げて調査や対応策の検討を行うべきであった。そうすれば早めにゼミの変更や，他の大学の選択なども可能であったと思われ，Ｘにとって無駄な時間を費やさなくてもよかったのであり，残念である。

---

**まとめ**
- 原告ＸはＹ１の大学院に通っていた中学校教諭
- 被告はＹ１（大学）とＹ２（Ｘの指導教官，Ｙ１の教授）
- Ｙ２は減給処分，退職
- Ｙ２：不法行為責任，Ｙ１：使用者責任と不法行為責任
- 賠償額　Ｙ１　143万円，Ｙ２（Ｙ１と連携して）110万円

---

## 4．ジェンダーハラスメント

### (1) ジェンダーハラスメントとは

　ジェンダーハラスメントとは，女性あるいは男性につき，このようにあるべきであるという社会通念，価値観，役割の分担という意識に基づいて，結果としての差別やいじめ，嫌がらせを受けることをいう。典型的な例は，かつてどの企業でも広く行われていた，「お茶汲みは女性社員が行う」ということである。これはセクシュアルハラスメントになるという誤解があるが，「性的な言動」ではないのでセクハラではない。

均等法11条のセクハラは「職場において行われる性的な言動に対する……」とあるように、お茶汲みをさせることは性的言動ではないからセクハラではない。その他、「女性の幸せは仕事で頑張ることではなく家庭に入って子どもを育てること」、「子育ては女性の仕事」、「営業や警備は肉体的にタフな男性の仕事」などという考え方も、かつては企業社会において広く浸透していたが、これは性別による価値観によるものであり、性的な言動ではない。

## (2) 性別による配置の限定

職場で性別による配置の限定行為が行われていたのであれば、性的な言動ではないのでセクハラではないが、一種のハラスメントに該当するものと思われ、そのような言動は慎むべきであり、場合によっては違法になり得る。しかし、セクハラとはいえないので均等法11条の適用はないことにはなる。

男女雇用機会均等法に関連して「労働者に対する性別を理由とする差別の禁止等に関する規定に定める事項に関し、事業主が適切に対処するための指針」（平成18年10月11日厚労省告示第614号）では、「配置」に関して、「一定の職務への配置に当たって、その対象から男女のいずれかを排除すること」を禁止しており、「排除していると認められる例」として、「①営業の職務、秘書の職務、企画立案業務を内容とする職務、定型的な事務処理業務を内容とする職務、海外で勤務する職務等一定の職務への配置に当たって、その対象を男女のいずれかのみとすること」、「②時間外労働や深夜業の多い職務への配置に当たって、その対象を男性労働者のみとすること」と定めており、性により配置を限定することは均等法に違反することになるが、それと共にジェンダーハラスメントにもなり得る。

### (3) 性別役割分担意識に基づいて発生するセクハラとの関係

　前述のように均等法の対象となるセクハラは，性的な言動を伴うことが要件とされるので，ジェンダーハラスメントに該当すると思われるものも，均等法11条に基づく「事業主が職場における性的な言動に起因する問題に関して雇用管理上講ずべき措置についての指針」（平成18年10月11日厚労省告示615号）では，相談窓口において対応すべきか否かという問題について，「……職場におけるセクシュアルハラスメントに該当するか否か微妙な場合であっても，広く相談に対応し，適切な対応を行うようにすること。例えば，放置すれば就業環境を害するおそれのある場合や，性別役割分担意識に基づく言動が原因や背景となってセクシュアルハラスメントが生じるおそれがある場合等が考えられる。」と述べており，そう単純ではない。

### (4) 結婚はまだか，子供はまだかという発言

　例えば，その判断が難しいものもある。例えば，男性管理職が部下の女性に対し「結婚はまだか」，「子どもはまだか」と発言したとする。これが女性にとっては余計なお世話であり不愉快な発言であることが多く，ハラスメントであると思われるが，セクハラかというと，それは「環境型のセクハラ」と理解するという意見もあるし，「性的な言動」とは言いにくいのでセクハラではなくジェンダーハラスメントという意見もある。いずれにせよ，そのような発言は女性にとって不愉快であると思われ，ハラスメントとして不法行為になるか，労働契約上の配慮義務違反になることは十分に考えられる。

　この点につき，岡山セクハラ（労働者派遣会社）事件（岡山地裁平成14年5月15日判決，労働判例832号54頁）では，代表取締役による女性支店長2名に対する言動として，「再婚をしないのか」，「子どもはまだ

か」という発言は，不快感を持ったとしても執拗に尋ねる場合であれば格別，そうでなければその発言のみを捉えて違法行為と解することはできないと判断する。状況次第ではジェンダーハラスメントとして違法行為となり得るが，それのみを捉えればジェンダーハラスメントとして違法行為ではないと判断しているのである。

## 5．LGBT について

　LGBT とは，レズビアン，ゲイ，バイセクシャル，トランスジェンダーをいう。レズビアンとは，女性同性愛者をいい，自身を女性と認識した者が性的指向が女性に向く場合をいう。ゲイとは，男性同性愛者をいい，自身を男性と認識した者が性的指向が男性に向く場合をいう。バイセクシャルとは両性愛者をいい，性的指向が男性，女性のいずれかに限定されずに指向する場合をいう。トランスジェンダーは身体的な性と心の性（自認する性）とが一致しない場合をいう。これらはセクシャルマイノリティ（性的少数者）といわれる。この LGBT に該当する者についても，性的な自由として社会がこれを容認する状況に達しつつあり，そうすると，そのような関係においての「性的な言動」とは，レズビアン，ゲイ，バイセクシャルなどの場合には異性ばかりでなく同性同士でもあり得ることになる。その結果，同性による性的嫌がらせ，性的ないじめもセクシャルハラスメントたり得ることになる。同性愛を差別する社会的な風潮や職場におけるいじめ嫌がらもセクハラと呼ぶか否かはともかく，ハラスメントに当たるとも考えられるから，これらも法的には保護に値するものとなる。

　トランスジェンダーについて，体は男性でも女性であると認識している場合には，その者が女性らしい服装や化粧をしている場合にそのことを規制することは控え，容認すべき方向になるし，その者が女性用トイ

レや更衣室を使用するということについては一定の配慮が要求されることも想定される。他の女性社員がそれを極端に嫌がることは，セクハラというかはともかく，状況次第ではハラスメントとなる可能性もある。また，トランスジェンダーの場合，身体的には男性であっても女性という認識であるから，女性同士で体を触れあうことも許容の範囲になってくるかもしれず，それを即セクハラということは控えるべきことになる。職場における混乱を避けるために，トランスジェンダーについては，例えば性同一性障害であること等についての医師の診断書を提出させることも必要な場合があるだろう。

　LGBTについては未だに明解な対応策はなく，裁判例も見当たらず，企業としては対応する指針がないというのが実情である。要は，LGBTといわれる者に対して，既存の見方から一方的な判断を押しつけることは避けなければならない。かといって，その者たちの要請を無条件に受容しなくてはならないわけではなく，未だに数少ないと思われるが，行政や専門家といわれる方々の意見を聞いたうえで慎重に判断することが肝要であろう。

## 6．パワハラ

　章を代えて紹介する（第2参照）。

# 第2

# パワーハラスメントについての基本的知識

# 1 はじめに

## 1．増加するパワハラ

　パワーハラスメントについては，少なくとも従業員の苦情申立や，訴訟は確実に増加している。もちろん，企業の現場でパワハラが増加していることはないであろう。要は，過去において無視されてきた，あるいは見過ごされてきたハラスメント該当行為が，ようやく暴露され，企業内または裁判所で判断されることになったということである。
　ただし，多くの従業員が成果を求められ，厳しく評価されるようになったため，その反動からか，ハラスメントの程度も激しくなってきた可能性はあり，そのために，発覚が容易になったということは考えられよう。

## 2．パワハラとは何か

　パワハラが問題にされ始めたのは，平成10年代の初め頃である。それ以前からも上司がその立場を利用して部下に圧力をかける，つまり現在パワハラと呼ばれているような問題があるという認識は存在し，そのための教育は実施されてきている。しかし，元々，パワハラそのものの基準が不明確であるために，実際に企業として何を行ったらよいのかわからなかったのが現実である。相談を受けてきた筆者も，ようやく活動し

だした厚生労働省などの官庁に基準の策定を頼っていては遅くなるので，会社側で自主的にパワハラの基準を作る努力をしなければならないと提言してきた。

　厚生労働省では，平成24年1月に円卓会議の提言が，平成30年3月に検討委員会の報告書の公表がなされ，一応，パワハラとは何かという回答が出来るようにはなり，ようやく法規制ができたが，これで十分かというと，結論から言えばまだまだである。

## 3．パワハラの発生する原因

　パワハラは何故発生するのか。その原因は様々であろうが，少なくとも日本の企業社会は，昭和40年代までは，男女差別，身分格差（正社員・非正規社員），思想信条差別，組合差別，組合間差別等の差別・格差問題が蔓延していた。また，良い面もあるが悪い面でも年功序列制は存在しており，上司が部下を，先輩が後輩を指導する，叱責することは当然とされてきた。その指導や建設的な意味での叱責は必ずしも悪いことではなく，当然のこととして，むしろ歓迎されていた傾向があった。

　そして，残念ながら，監督，指導，建設的な意味での叱責ばかりではなく，いわゆる強者の論理がまかり通ってきたといえる。それは，上司・部下，先輩・後輩ばかりではなく，男性と女性，正社員とパートタイマー，政治的に中立の者と特定の思想信条を持つ者，非組合員と組合員，多数労働組合員と少数労働組合員等による差別，いじめという形が，それほどの違和感なくまかり通ってきたことに表れている。それらの差別，いじめなどは，一部の被害者らの長きにわたる闘争により，一部はその実態が明らかにされ，強者の責任が認められてきたが，多くは，強者の論理が否定されずに続いてきたのである。そして，平成に入ってからセクハラ，マタハラ等にも法的にも救済の道が設けられたが，

## 第2 パワーハラスメントについての基本的知識　53

パワハラについてはようやく法規制ができ，これからという段階に来たといえる。

　パワハラについての現在の状況を一言でいえば，被害者意識は高まるが，加害者意識は改まらないという状況であろう。被害者も泣き寝入りせずに苦情を言う傾向になり，厚労省が設けている相談窓口にもパワハラの相談件数が増加している。厚生労働省の下部組織である全国の都道府県労働局への労働相談（平成30年度個別労働紛争解決制度の施行状況R1.6.26）で，職場の「いじめ・嫌がらせ」の相談件数は平成30年度は前年度比14.9％増の8万2,797件であって，全体の25.6％を占めている。ジャンル別にみても7年連続で1位であり，相談件数，助言・指導申出の件数，あっせん申請の件数のすべてにおいて過去最高となっている。

　その中には，元々パワハラに当たらないにもかかわらず，パワハラがあったと主張するケースもあると考えられるが，これだけの相談件数があることは重く受けとめなくてはならない。

　指導する側としては，教える，監督する，指導する，叱責するということがどのようなことなのかを真に意識しておかなくてはならない。暴力がいけないことは大前提であるが，どのように上司や先輩が部下や後輩を教育・指導していくのかについて十分な検討が必要である。昭和30年代，40年代のような上命下服式の監督，指導，叱責では，もはや部下，後輩等にとっては不当な干渉と捉えられ，迷惑以外の何物でもなく，そのような教育指導では資質の向上は望めないであろう。

　このような認識が全くなければ，パワハラの加害者は，加害者としての意識はなく，真に反省せずに，パワハラを繰り返し継続していく傾向が強い。

## 4．何故，パワハラの加害者となるのか

　それでは，何故，パワハラの加害者が出てくるのであろうか。
　パワハラの加害者には，自分の行っていることが，いじめ・嫌がらせとは思っていない者も多い。加害者の心理は正確にはわからないが，加害者は自分の行為を正当化しようとするためにどのように考えて行動しているのかを推察してみた。おそらく，その心理は①ないし⑤のようなものであろう。

① 　自分もそのように叱られてきた，虐められてきた，だから部下や後輩は同じに扱うのは当然という考え方
　　これは，日本企業では未だに多く受け継がれてきている考え方であろう。悪いことをしているという意識すらないのであり，この認識を根本から改めない限り，パワハラをなくすことは実現できないかもしれない。

② 　できない奴は，厳しく鍛えないと覚えないという考え方
　　これも，日本企業では伝統的な考え方であろうが，初めからできる者は少数であるので，当然部下や後輩に対する配慮は必要であり，いきなり厳しく叱責，指導するのは問題である。
　　厳しい叱責・指導に耐えられるか否かを見極めることが必要なのは言うまでもないであろう。

③ 　俺はできる，俺は正しい，部下はできない，部下は間違っているという考え方
　　特に有能な上司や先輩が考えることであるが，自分の意見を部下や後輩に押し付けて，部下や後輩の意見を聞こうとしない者もいる。そのような者は，自分の考えと違うことを言う部下や後輩に対しては，徹底的に反駁し，説き伏せようとしてくる傾向がある。

④ 俺の足を引っ張る部下は，足を引っ張らないようにしないといけないという考え方

　これも，有能で出世欲の強い者が陥りやすい発想であり，部下や後輩の能力を低く見て，自分がその巻き添えを食わないように，教育どころか部下や後輩に見切りを付けて見放し，その際にパワハラを行うというものである。

⑤ できない奴は，組織を辞めてもらうしかないという考え方

　①と共通する場合が多いと思うが，有能なエリートでなくとも，できない者と一緒に仕事をすれば，自分もできない者としてのレッテルを貼られてしまう，自分は巻き添えを食いたくないという考えから，部下や後輩を退職させるように仕向けていくというものである。

　これらの①〜⑤の考え方の共通点としては，共に職場の仲間として働くという意識が欠如しているということである。同じ職場の仲間として一緒に働いていこうという意識があれば，このような発想は出てこないはずである。

　なお，これらの①〜⑤の発想は，いずれも故意にいじめ，嫌がらせをしようとはしていない場合であり，後述の川崎市水道局事件（東京高裁平成15年3月25日判決（労働判例849号87頁），横浜地裁川崎支部平成14年6月27日判決（労働判例833号61頁））や誠昇会北本共済病院事件（さいたま地裁平成16年9月24日判決，労働判例883号38頁）のように，明らかに，故意に，いじめ・嫌がらせを行おうというのは，教える・指導するという弁解が通用するはずもない悪質な事例となり，パワハラというよりも，犯罪行為又は不法行為ともいうべきものである。

## 2 パワハラによる不利益

　パワハラによって受ける不利益は，第1で解説した各種ハラスメントによる不利益とほぼ同様の内容となる。

## 1．被害者に対する不利益な結果・悪影響の発生

#### ①　個人の尊厳，名誉，信用に対する侵害
　被害者個人にとっては，屈辱を感じるであろうし，周囲の者に対する信用も傷つけられるおそれがある。

#### ②　被害者の精神，健康，身体等に悪影響を及ぼすこと
　被害者本人は，精神面での深刻な後遺症を残すことがある（PTSD等）。また，最悪の場合には，自殺も起こり得る。

## 2．企業への不利益（職場環境悪化への影響）

#### ①　当該被害従業員のみならず周囲の従業員のモラルダウン，職場秩序の乱れ
　加害者の被害者に対するハラスメント行為は，職場全体の勤労意欲や風紀の低下につながることがある。

② 業務の円滑な遂行への影響

　被害者の休業や退職等，周囲の社員の畏怖，職場全体の生産性の低下，組織の適正・効率的な運営の妨げとなることがある。

③ 企業のイメージ低下

　そのハラスメントが公表されたり，その情報が流出するようなことがあれば，企業のイメージが大いに傷つくことになる。また，さらにその問題を放任すれば訴訟の可能性は大きく，企業イメージの大きな低下につながるおそれがある。

④ 損害賠償による損失

　示談交渉や，労働局でのあっせん，民事調停等による話合いによる解決や，労働審判や訴訟における損害賠償請求がなされ，企業にも損害賠償が認められると金銭的にも損害がある。

## 3．パワハラによる精神面への影響——PTSD の問題

　パワハラの行為の特徴は，1 回限りのものはそれ程多くなく，むしろ連続的，継続的になされることが多いことである。パワハラ上司がいた場合に，その上司がいるだけで周囲の部下は怯え，業務に集中できないという事態が発生する。そして，その事態は原因が解消しない限り継続する。
　そして，それとも関連するが，パワハラによる被害の特徴は，そのパワハラを受けたその時点での一時的な肉体的，精神的な苦痛のみならず，被害者が PTSD（心的外傷後ストレス障害）となり，パワハラが止んだとしても（休職などの就労していない期間中も），精神的な苦しみが継続することである。

そのため，パワハラを受けたという場合には，その行為を止めることは無論のこと，それが止んだ後にも被害が継続することのないように特に配慮しなければならないということに注意しなければならない。

## 4．パワハラと労災認定

また，上司のいじめによる精神障害についても労災保険の業務上外認定基準として，平成23年12月26日付厚生労働省労働基準局長基発1226号第1号「心理的負荷による精神障害の認定基準」によって判断されることになり，現在は当該基準に基づいて労災認定が行われている（第3③参照）。

# ③ パワハラの定義，分類，判断基準等

## 1．パワハラの定義

### (1) 平成24年円卓会議の提言

元々，パワーハラスメント（以下「パワハラ」という）についての明確な定義はなかった。平成24年1月30日付の厚生労働省職場のいじめ・嫌がらせ問題に関する円卓会議（以下「平成24年円卓会議」という）のワーキンググループの報告では，「同じ職場で働く者に対して，職務上

の地位や人間関係などの職場内の優位性を背景に，業務の適正な範囲を超えて，精神的・身体的苦痛を与える又は職場環境を悪化させる行為」と提言された。

## (2) 平成30年検討会報告

　職場のパワーハラスメント防止対策についての検討会（座長は佐藤博樹中央大学大学院戦略経営研究科教授）が，平成30年3月30日付で公表した「職場のパワーハラスメント防止対策についての検討会報告書」（以下「平成30年検討会報告」という）では，パワハラの概念として，「①優越的な関係に基づいて（優位性を背景に）行われること，②業務の適正な範囲を超えて行われること，③身体的若しくは精神的な苦痛を与えること，又は就業環境を害すること」を挙げて，①〜③を満たすものを職場のパワーハラスメントとして定義づけた。なお，検討会報告では，①〜③の要素について，次のように，その要素に当てはまる例を付けて具体化している。

---

　(ア)　職場のパワーハラスメントの要素
　　ⅰ　優越的な関係に基づいて（優位性を背景に）行われること
　　ⅱ　業務の適正な範囲を超えて行われること
　　ⅲ　身体的若しくは精神的な苦痛を与えること，又は就業環境を害すること

　ⅰ　優越的な関係に基づいて（優位性を背景に）行われること
　　この要素に当てはまる例
　　・職務上の地位が上位の者による行為
　　・同僚又は部下による行為で，当該行為を行う者が業務上必要な知識や豊富な経験を有しており，当該者の協力を得なければ業務の円滑

な遂行を行うことが困難であるもの
　　・同僚又は部下からの集団による行為で，これに抵抗又は拒絶することが困難であるもの

ⅱ　業務の適正な範囲を超えて行われること
　この要素に当てはまる例
　・業務上明らかに必要のない行為
　・業務の目的を大きく逸脱した行為
　・業務を遂行するための手段として不適当な行為
　・当該行為の回数，行為者の数等，その対応や手段が社会通念に照らして許容される範囲を超える行為

ⅲ　身体的若しくは精神的な苦痛を与えること又は就業環境を害すること
　この要素に当てはまる例
　・暴力により傷害を負わせる行為
　・著しい暴言を吐く等により，人格を否定する行為
　・何度も大声で怒鳴る，厳しい叱責を執拗に繰り返す等により，恐怖を感じさせる行為
　・長期にわたる無視や能力に見合わない仕事の付与等により，就業意欲を低下させる行為

　なお，「カスタマーハラスメント」と言われる顧客や取引先からの著しい迷惑行為をパワーハラスメントとして規制するのかについては賛否両論があり，明確な結論は出されていない。すなわち，「顧客や取引先からの著しい迷惑行為については社会全体にとって重要な問題であり，何らかの対応を考えるべきという意見が示された一方で，この問題は消

費者問題や経営上の問題として対応すべき性格のものであり、労働問題としてとらえるべきなのか疑問であるため、職場のパワーハラスメントについては職場内の人間関係において発生するものに限るべきとの意見が示された。」、「こうした議論を踏まえれば、例えば、セクシュアルハラスメントや妊娠・出産・育児休業等に関するハラスメントに対して事業主が雇用管理上講ずべき措置の内容と照らした場合には、『行為者への対処方針・対処内容の就業規則等への規程』、『周知・啓発や、事実関係の迅速・正確な確認』、『行為者に対する対応の適正な実施、再発防止に向けた対応の実施』などの措置について、顧客や取引先からの著しい迷惑行為への対応として事業主が取り組むことに一定の限界があると考えられる。」と、比較的消極的な態度が読み取れる。

### (3) 平成30年分科会報告

(2)の検討会の報告書を受けて、労働政策審議会雇用環境・均等分科会（分科会会長は奥宮京子弁護士）が平成30年12月14日に報告書をまとめ、労働政策審議会に提出した（以下「平成30年分科会報告」という）。

それによると、事業主に対して職場のパワーハラスメントを防止するための雇用管理上の措置を講じることを法律で義務づけ、その定義や内容を指針に作成すべきとしている。その中での、パワハラの定義は、検討会報告と同様に、「①優越的な関係に基づく、②業務上必要かつ相当な範囲を超えた言動により、③就業環境を害すること（身体的若しくは精神的な苦痛を与えること）」の要素を満たすものとした。

なお、顧客や取引先からの著しい迷惑行為（カスタマーハラスメント）を規制の対象とするのかという論点については、「指針等で相談対応等の望ましい取組を明確にすることが適当である。また、取引先との関係が元請・下請関係である場合があることや、消費者への周知・啓発が必要であることを踏まえ、関係省庁と連携した取組も重要である。」

と方向性を示した。

## 2．加害者と被害者の関係

その形態としては，必ずしも，上司から部下へだけとは限らず，先輩から後輩へ，正規社員から非正規社員へ，多数から少数へ，働きざかりから高齢者へ等の様々な場合が考えられる。

### (1) 平成24年円卓会議の提言

円卓会議の提言では，「職場のパワーハラスメントは，上司から部下だけではなく，同僚間や部下から上司にも行われる。つまり，働く者誰もが当事者となり得るものであることから，いま，組織で働くすべての人たちがこのことを意識するよう求めたい。」と述べている。

### (2) 平成30年検討会報告

検討会報告では，「優越的な関係に基づいて（優位性を背景に）行われること」として，「①職務上の地位が上位の者による行為，②同僚又は部下による行為で，当該行為を行う者が業務上必要な知識や豊富な経験を有しており，当該者の協力を得なければ業務の円滑な遂行を行うことが困難であるもの，③同僚又は部下からの集団による行為で，これに抵抗又は拒絶することが困難であるもの」とする。

### (3) 平成30年分科会報告

取りまとめの方向性としては，特に加害者と被害者の関係については，示されていない。

## 3．パワハラの分類

　パワハラの内容についてどのような分類ができるかは，紛争になった事例がここ数年増えてきたとはいえ，せいぜい数十件とそれほど多くはないので，どのように分類するのが妥当かについての基準も明確ではない。

### (1) 平成24年円卓会議の提言

　円卓会議の提言では，パワハラの行為の分類につき，典型的なものとして，次のように分類している。

---

① 暴行・傷害（身体的な攻撃）
② 脅迫・名誉毀損・侮辱・ひどい暴言（精神的な攻撃）
③ 隔離・仲間外し・無視（人間関係からの切り離し）
④ 業務上明らかに不要なことや遂行不可能なことの強制，仕事の妨害（過大な要求）
⑤ 業務上の合理性なく，能力や経験とかけ離れた程度の低い仕事を命じることや仕事を与えないこと（過小な要求）
⑥ 私的なことに過度に立ち入ること（個の侵害）

---

それらについて円卓会議の提言では，次のようにコメントしている。

　①については，業務の遂行に関係するものであっても，「業務の適正な範囲」に含めるとすることはできない。
　②と③については，業務の遂行に必要な行為であるとは通常想定できないことから，原則として「業務の適正な範囲」を超えるものと考えら

> れる。
>
> 　④から⑥までについては，業務の適正な指導との線引きが必ずしも容易ではない場合があると考えられる。こうした行為について何が「業務の適正な範囲を超える」かについては，業種や企業文化の影響を受け，また，具体的な判断については，行為が行われた状況や行為が継続的であるかどうかによって左右される部分もあると考えられるため，各企業・職場で認識をそろえ，その範囲を明確にする取組を行うことが望ましい。

## (2)　平成30年検討会報告

　検討会議の報告によると，典型的な例として，次の6つの行為類型が考えられるとして，a身体的な攻撃，b精神的な攻撃，c人間関係からの切り離し，d過大な要求，e過小な要求，f個の侵害を挙げて，それぞれにつき，パワハラの定義（①〜③，①は「優越的な関係に基づく」，②は「業務上必要かつ相当な範囲を超えた言動により」，③は「就業環境を害すること（身体的若しくは精神的な苦痛を与えること）」）を満たすと考えられる例，パワハラの定義を満たさないと考えられる例を挙げている。具体的には以下のとおりである。

〈職場のパワーハラスメントに該当する行為例〉
　円卓会議の報告での6つの行為類型のうち，①〜③までのパワーハラスメントの要素を満たすものはパワーハラスメントに当たる行為として整理する。他方，①〜③の要素のいずれかを欠く場合であれば，パワーハラスメントに当たらない場合があることに注意すべきである。なお，6つの類型は次のaないしfであり，それぞれにつき，①〜③の要素を満たす場合と，①〜③の要素を満たさない場合とは次のとおりである。

(6つの類型)
a　暴行・傷害（身体的な攻撃）
　（①～③の要素を満たす場合）
　上司が部下に対して，殴打，足蹴りをする
　（①～③の要素を満たさない場合）
　業務上関係の無い単に同じ企業の同僚間の喧嘩（①，②に該当しない）
b　脅迫・名誉毀損・侮辱・ひどい暴言（精神的な攻撃）
　（①～③の要素を満たす場合）
　上司が部下に対して，人格を否定するような発言をする
　（①～③の要素を満たさない場合）
　遅刻や服装の乱れなど社会的ルールやマナーを欠いた言動・行動が見られ，再三注意してもそれが改善されない部下に対して上司が強く注意する（②，③に該当しない）
c　隔離・仲間はずし・無視（人間関係からの切り離し）
　（①～③の要素を満たす場合）
　自身の意に沿わない社員に対して，仕事を外し，長期間にわたり，別室に隔離したり，自宅研修させたりする
　（①～③の要素を満たさない場合）
　新入社員を育成するために短期間集中的に個室で研修等の教育を実施する（②に該当しない）
d　業務上明らかに不要なことや遂行不可能なことの強制・仕事の妨害（過大な要求）
　（①～③の要素を満たす場合）
　上司が部下に対して，長期間にわたる，肉体的苦痛を伴う過酷な環境下での勤務に直接関係のない作業を命ずる

（①～③の要素を満たさない場合）
　社員を育成するために現状よりも少し高いレベルの業務を任せる
（②に該当しない）
　e　業務上の合理性なく，能力や経験とかけ離れた程度の低い仕事を命じることや仕事を与えないこと（過小な要求）
　（①～③の要素を満たす場合）
　上司が管理職である部下を退職させるため，誰でも遂行可能な業務を行わせる
　（①～③の要素を満たさない場合）
　経営上の理由により，一時的に，能力に見合わない簡易な業務に就かせる（②に該当しない）
　f　私的なことに過度に立ち入ること（個の侵害）
　（①～③の要素を満たす場合）
　思想・信条を理由とし，集団で同僚1人に対して，職場内外で継続的に監視したり，他の社員に接触しないよう働きかけたり，私物の写真撮影したりする
　（①～③の要素を満たさない場合）
　社員への配慮を目的として，社員の家族の状況等についてヒアリングを行う（②，③に該当しない）

　　a～fのうち，①～③の要素を満たす場合は職場のパワーハラスメントに当たるものとして整理し，①～③のいずれかを欠く場合であればパワーハラスメントには当たらない場合があると述べている。

## (3) 平成30年分科会報告

　分科会の報告では，パワハラの行為の分類についての言及はなされて

いない。

## 4．パワハラの程度

　パワハラも自殺に至るまでの深刻なものからそうでもないものまで，その程度は千差万別である。しかし，パワハラの程度について公的な報告・提言（平成24年円卓会議，平成30年検討会報告，平成30年分科会報告）では分析や言及はされていない。

## 5．パワハラの判断基準

### (1)　パワハラに関する行政対応の歴史

　企業社会においては，呼び方はともかく，「パワーハラスメント」に該当する行為がなされていたということは厳然たる事実であるが，訴訟において正面からパワーハラスメントの判決という紹介がなされたのは後述の川崎市水道局の事件であると思われ，平成14年，15年頃ということになる。
　その後，ポツポツと判決は出るようになったが，結局，これまではパワハラに関する定義や規制が全くない状況であり，違法か違法でないかを定めるものはなく，メルクマールとしては，「個人の尊厳」，「人格権の尊重」ということであった。これでは，具体的な判断基準とはなり得ないのは当然であろう。
　そのような企業のよるべき基準のない状況が続き，中央災害防止協会が平成17年3月に厚労省からの委託報告書を作成して公表したが，これもアンケートによる実態調査を中心とするものであった（平成17年当時のものではあるが，企業の回答結果では，約4割の企業がパワハラ対策

を「とても重要である」と捉えており，「やはり重要である」と併せて8割以上が重要であると考えていると報告されている）。このように，8，9年間よるべき基準のない状況の中で行政も，ようやく重い腰を上げて，円卓会議（平成24年円卓会議）が開催され，平成24年1月30日に報告書が出された（提言として正式に公表されたのが平成24年3月15日である）。そして，平成24年12月に，「平成24年度厚生労働省委託事業」として「職場のパワーハラスメントに関する実態調査報告書」が出された（東京海上日動リスクコンサルティング株式会社作成，同様の調査は平成28年度も実施）。

その後，厚労省は，平成27年5月15日に「パワーハラスメント対策導入マニュアル（予防から事後対策までのサポートガイド）」を作成し，公表した（現在は平成30年9月10日に改訂されて第3版となっている）。

さらに，平成29年には厚労省の「職場のパワーハラスメント防止対策についての検討会」（平成30年検討会報告）が立ち上げられ，平成30年3月30日に報告書が出されて，さらに，平成30年12月14日に，厚労省の労働政策審議会雇用環境・均等分科会の報告書（平成30年分科会報告）が出された。

そして，第198回国会に「女性の職業生活における活躍の推進に関する法律等の一部を改正する法律案」として上程された中に，実質的なパワハラ規制法となる労働施策総合推進法（旧雇用対策法）の改正案があり，これが令和元年5月29日に成立，同年6月5日に公布されたことで，ようやく法規制に進もうとしているところである。

(2) **パワハラの判断基準**

次に，パワハラにはどのような判断基準があるのかということである。これは極めて重要な事柄であるが，今のところ行政の基準がなく，

第2　パワーハラスメントについての基本的知識　69

上述の労働施策総合推進法の改正法にもその判断基準は定められていない。そのため，第3で紹介するような裁判例に学ぶことが極めて重要である。

今後，この判断基準を作ることが非常に重要である。仮に明確な基準を建てることは困難であったとしても，指針において具体例が示されることになると思われるので，その事例の内容に即して，パワハラに該当するのか否かを判断することになろう。

### ①　平成24年円卓会議の提言

正面からパワハラの判断基準というものはないが，パワハラ対策の本質は「人格尊重」であり，それを基礎に人格尊重ということがパワハラの防止になり，パワハラか否かということは人格無視になっていないかということが問題となる。この点について，円卓会議の提言では，次のように述べている。

「・人格尊重：職場のパワーハラスメント対策の本質は，職場の一人ひとりが，自分も相手も，等しく，不当に傷つけられてはならない尊厳や人格を持った存在であることを認識した上で，それぞれの価値観，立場，能力などといった違いを認めて，互いを受け止め，その人格を尊重し合うことにある。」

### ②　平成30年検討会報告

特に，言及されていない。ただし，前述の3.(2)でみたように6つの行為類型に分類して，それぞれにつき，例を挙げてパワハラに該当する場合（①〜③の要素を満たす場合）とそうでない場合（①〜③の要素を満たさない場合）を例示していることから，抽象的な判断基準ではなく，具体的な事例に則してパワハラか否かを判断するという方針といえる。

③ 平成30年分科会報告

特に，言及されていない。

# 4 パワハラに対する企業の対応

パワハラが存在することが判明した場合，企業としてはどのような措置を取るべきであるのかということについては，これまでも多く言及されてきた。この点は，セクハラについては，セクハラ指針（平成18年10月11日厚生労働省告示615号）があるために企業の取るべき措置は概ね定められている。パワハラについてもその内容に大きな差異はないといえる。

## 1．セクハラ指針との関係

セクハラについては，既にセクハラ指針（平成18年10月11日厚生労働省告示615号）があること，また，多くの裁判例があるので，それに従えば，一応，使用者として行うべきことを理解するのは難しくない。

均等法による指針（平成18年10月11日厚生労働省告示615号）
1) 事業主の方針の明確化，その周知・啓発
2) 相談に応じ，適切に対応するために必要な体制の整備
3) 事後の迅速かつ適切な対応
4) その他

第 2　パワーハラスメントについての基本的知識　71

> ①　相談者・行為者等のプライバシーを保護するための必要な措置を講じるとともに，その旨を労働者に対して周知すること
> ②　相談したこと，事実確認に協力したことを理由とする不利益な取扱いをしないことの周知・啓発すること

　パワハラに対する企業の対応も，概ねこれと同様に考えればよいと思われる。その大まかな内容としては，
①　事業主の方針の明確化，その周知・啓発
②　相談に応じ適切に対応するために必要な体制の整備
③　事後の迅速かつ適切な対応
④　プライバシーの保護
⑤　不利益取扱いの禁止
である。

## 2．平成24年円卓会議の提言

　円卓会議のワーキンググループ報告（平成24年1月30日報告）では，次のように提言している。

> 「職場のパワーハラスメントを予防するために」
> ・トップのメッセージ
> 　　組織のトップが，職場のパワーハラスメントは職場からなくすべきであることを明確に示す
> ・ルールを決める
> 　　就業規則に関係規定を設ける，労使協定を締結する
> 　　予防・解決についての方針やガイドラインを作成する
> ・実態を把握する

　　　　従業員アンケートを実施する
・教育する
　　研修を実施する
・周知する
　　組織の方針や取組について周知・啓発を実施する

「職場のパワーハラスメントを解決するために」
・相談や解決の場を設置する
　　企業内・外に相談窓口を設置する，職場の対応責任者を決める
　　外部専門家と連携する
・再発を防止する
　　行為者に対する再発防止研修を行う

　また，円卓会議の提言（平成24年3月15日）では，「職場のパワーハラスメントをなくすために（予防・解決に向けた取組）」として，3つの観点から予防・解決に向けた取組を挙げている。

(1)　企業や労働組合，そして一人ひとりの取り組み
　職場のパワーハラスメントをなくしていくために，企業や労働組合は，職場のパワーハラスメントの概念・行為類型……や，ワーキング・グループ報告が示した取組例を参考に取り組んでいくとともに，組織の取組が形だけのものにならないよう，職場の一人ひとりにも，それぞれの立場から取り組むことを求めたい。
(2)　それぞれの立場から取り組んでいただきたいこと
・トップマネジメントへの期待：組織のトップマネジメントの立場にある方には，職場のパワーハラスメントは組織の活力を削ぐものである

第2　パワーハラスメントについての基本的知識　　73

ことを意識し，こうした問題が生じない組織文化を育ててことを求めたい。そのためには，自ら範を示しながら，その姿勢を明確に示すなどの取組を行うべきである。
・上司への期待：上司の立場にある方には，自らがパワーハラスメントをしないことはもちろん，部下にもさせないように職場を管理することを求めたい。ただし，上司には，自らの権限を発揮し，職場をまとめ，人材を育成していく役割があり，必要な指導を適正に行うことまでためらってはならない。また，職場でパワーハラスメントが起こってしまった場合には，その解決に取り組むべきである。
・職場の一人ひとりへの期待：人格尊重，コミュニケーション，互いの支え合い
・人格尊重：職場のパワーハラスメント対策の本質は，職場の一人ひとりが，自分も相手も，等しく，不当に傷つけられてはならない尊厳や人格を持った存在であることを認識した上で，それぞれの価値観，立場，能力などといった違いを認めて，互いを受け止め，その人格を尊重し合うことにある。
・コミュニケーション：互いの人格の尊重は，上司と部下や同僚の間で，理解し協力し合う適切なコミュニケーションを形成する努力を通じて実現できるものである。そのため，職場のパワーハラスメント対策は，コミュニケーションを抑制するものであってはならない。職場の一人ひとりが，こうしたコミュニケーションを適切に，そして積極的に行うことがパワーハラスメントの予防につながる。例えば，上司は，指導や注意は「事柄」を中心に行い，「人格」攻撃に陥らないようにする。部下は，仕事の進め方をめぐって疑問や戸惑いを感じることがあればそうした気持ちを適切に伝える。それらの必要な心構えを身につけることを期待したい。
・互いの支え合い：職場の一人ひとりが，職場のパワーハラスメントを

> 見過ごさずに向き合い，こうした行為を受けた人を孤立させずに声をかけ合うなど，互いに支え合うことが重要である。
> (3) 政府や関係団体に期待すること
> 　国や労使の団体は，当会議の提言及びワーキンググループ報告を周知し，広く対策が行われるよう支援することを期待する。

## 3．平成30年検討会報告

　平成30年3月30日に公表された「職場のパワーハラスメント防止対策についての検討会」の内容を紹介するが，円卓会議の提言と比較して，大きくは変わっていないと思われる。

> （ウ）職場のパワーハラスメント防止対策の強化
> 　①〜⑤の防止対策について規定の創設や施策の実施が示された。
> 　① 行為者の刑事責任，民事責任（刑事罰，不法行為）
> 　② 事業主に対する損害賠償請求の根拠の規定（民事効）
> 　③ 事業主に対する措置義務
> 　④ 事業主による一定の対応措置をガイドラインで明示
> 　⑤ 社会機運の醸成
>
> 【筆者注】　このうちの③の措置義務については，パワハラ防止新法策定がベストではあるが，関連する法律（防止規定を盛り込むことを検討する上で参考となる既存の法律）として，労基法，労安衛法，均等法，育児介護法，労働契約法が示された。

(エ) 事業主が講ずる対応策
  ① 事業主の方針等の明確化，周知・啓発
    i パワーハラスメントの内容・方針の明確化，周知・啓発
    ii 行為者への対処方針・対処内容の就業規則等への規定，周知・啓発
  ② 相談等に適切に対応するために必要な体制の整備
    i 相談窓口の設置
    ii 相談窓口の担当者による適切な相談対応の確保
    iii 他のハラスメントと一体的に対応できる体制の整備
  ③ 事後の迅速・適切な対応
    i 事実関係の迅速・正確な確認
    ii 被害者に対する配慮のための対応の適正な実施
    iii 行為者に対する対応の適正な実施
    iv 再発防止に向けた対応の実施
  ④ ①〜③までの対応と併せて行う対応
    i 相談者・行為者等のプライバシーを保護するために必要な対応，周知
    ii パワーハラスメントの相談・事後確認への協力等を理由とした不利益取扱いの禁止，周知・啓発

(オ) パワーハラスメントの発生の要因を解消するために望ましい取組の例
  ① コミュニケーション活性化やその円滑化のための研修等の実施
  ② 適正な業務目標の設定，長時間労働の是正等の職場環境の改善

(カ) その他

検討会では，具体的な防止対策などについては労働政策審議会で議論し，厚労省において所定の措置が取られることが適当であるとされた。

## 4．平成30年分科会報告

分科会報告としては，次の項目を挙げている。

① 職場のパワーハラスメントやセクシュアルハラスメント等の様々なハラスメントは，労働者の尊厳や人格を傷つける等の人権に関わる許されない行為であり，あってはならないものである。また，企業にとっても経営上の損失に繋がることから，防止対策を強化することが必要である。

② 具体的には，職場のパワーハラスメントの防止について，企業の現場において確実に予防・解決に向けた措置を講じることが不可欠であることから，事業主に対し，その雇用する労働者が自社の労働者等（役員等を含む。）からパワーハラスメントを受けることを防止するための雇用管理上の措置を義務づけることが適応である。その際，現場の労使が対応しやすくなるよう，職場のパワーハラメントの定義や考え方，企業が講ずべき措置の具体的内容を明確化していくことが必要である。

③ 取引先等の労働者等からのパワーハラスメントや顧客からの著しい迷惑行為についても，労働者に大きなストレスを与える悪質なものであり，人権侵害にもなり得る無視できないものであるが，どこまでが相当な範囲のクレームで，どこからがそれを超えた嫌がらせなのかといった判断が自社の労働者等からのパワーハラスメント以上に難しいこと等の課題がある。このため，これらについては，自社の労働者等からのパワーハラスメントの類するものとして，相談対応等の望まし

い取組を明確化し，関係省庁と連携して周知・啓発を図ることが適当である。

# 第3

# パワーハラスメントに関する裁判例の解説

第3 パワーハラスメントに関する裁判例の解説　81

## 1　パワハラの賠償事例

　以下，パワハラに関する裁判例を紹介する。パワハラという言葉が使われ出したのは平成15年頃からであるため，当初はパワハラの裁判例としては分類されてこなかったものも含まれている。
　また，事案によっては，長時間労働や質的に負担の重い仕事等の加重労働との競合で精神疾患に罹患する場合もあり，その罹患や自殺の原因が過重労働が原因か，パワハラが原因かは明白ではないケースも多い（特に自殺の場合には追跡しても不明の事が多いと思われる）。その意味では，必ずしもパワハラ事例に分類するのが適切ではないという事例もあるかもしれないことを，予めお断わりしておく。
　なお，ここでは，平成30年の検討会議報告による6つの行為類型（a 身体的な攻撃，b 精神的な攻撃，c 人間関係からの切り離し，d 過大な要求，e 過小な要求，f 個の侵害）のいずれに該当する事例かについても紹介する。併せて，特徴的と思われる点や着眼点について，キーワードやまとめとして挙げておくので，判例を読む際の参考にして頂きたい。

**事例1**　**東芝（反省書提出等要求）事件**（東京地裁八王子支部平成2年2月1日判決（判例時報1339号140頁））

　被告Y1社は，大手の電機製品メーカーであり，原告Xは，昭和50年4月にY1社に入社し，府中工場勤務となり，材料加工部製缶課に配属されたが，その上司が製缶課第4ライン製造長の被告Y2であった。Y

2は，Xに対して，機械の操作や工程管理，作業方法などについて注意し，反省書を書かせるなどし，さらに，休暇を取る際の電話のかけ方等についても，執拗に反省書等の作成を求めたり後片付けの行為を再現するように求めた。それらの行為を受けたXは，精神的な負担を受け，心因反応を引き起こした。

判決は，Xの不安全行動や所定の方法で作業しなかったこと等に対して叱責して反省書を書かせることは，Y2の部下を指導監督をする上での必要な範囲内の行為であったというべきで裁量の範囲を逸脱するものとはいえない。しかし，渋るXに対して休暇を取る際の電話のかけ方のごとき申告手続上の軽微な過誤について執拗に反省書等の作成を求めたり，後片付けの再現を求めた行為は，いささか感情に走りすぎた嫌いのあることは否めず，指導監督権の行使としてその裁量の範囲を逸脱した違法性を帯びるものであると判断した。

その上で，Y2の不法行為責任とY1社の使用者責任を認め，慰謝料として金15万円の支払いを命じた。

### 外井弁護士の視点

Y2が執拗に反省書や行為の再現を求めていることが違法であると判断されており，原告Xに対して侮辱し，Xの人格を否定する行為であると思われる。

**類型：b 精神的な攻撃**

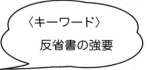
〈キーワード〉
反省書の強要

### まとめ

・被告Y1は電機製品製造会社，被告Y2はライン製造長

- 原告Xは入社7年目の社員
- 執拗に反省書の作成を求め，後片づけの行為の再現を求める
- 心因反応
- Y2の不法行為責任，Y1の使用者責任（民法715）
- 賠償額　慰謝料15万円

## 事例2　ダイエー事件（横浜地裁平成2年5月29日判決（労働判例579号35頁））

　Y1社の従業員であったXが，Y1社の取引先であったY2社の文書部長Y3から賃借している本件建物に関し，Y3から明渡しを求められていたが，Y3がY1社の専務取締役に協力を求めてXの直接の上司のY4がXに対して人事権，考課権を盾にして明け渡しすることを強要したが，Xはこれを拒絶したので，不当な人事考課がなされた。

　判決は，「……上司が部下から当該紛争につき助言・協力を求められた場合は勿論，そうでなく会社若しくは上司自身の都合から積極的に説得を試みる場合であっても，それが一定の節度を以てなされる限り，部下に多少の違和感，不快感をもたらしたからといって，直ちに違法と断ずることはできない。しかしながら，部下が既に諸々の事情を考慮した上，自らの責任において，家主との間で自主的解決に応じないことを確定的に決断している場合に，上司がなお会社若しくは自らの都合，会社における職制上の優越的地位を利用して，家主との和解ないし明渡し要求に応じるよう執拗に強要することは，許された説得の範囲を超え，部下の私的問題に関する自己決定の自由を侵害するものであって，不法行為を構成するというべきである。」と述べて，Y1社と上司Y4の責任を肯定したが，Y2社，Y3の請求は棄却された。

> **外井弁護士の視点**
>
> 原告Xの業務内容とは全く関係のない住居の賃貸借という事柄について，Y4が，Xに対して居住している建物の明け渡しを強要したという事案である。
> **類型：f 個の侵害**（私的なことに過度に立ち入ること）

〈キーワード〉
私的問題に関する自己決定権の侵害

**まとめ**
- 被告Y1社，取引先Y2社，取引先の部長Y3（賃貸人），Y1社の上司Y4
- 原告XはY1社の社員（兼賃借人）
- Y3からXが賃貸を受けていた建物の明渡しを受け，Y4が依頼を受けてXに対して建物を明渡すように強要
- Y4の不法行為責任，Y1社の使用者責任（民法715）
- 賠償額　慰謝料30万円

**事例3**　国鉄鹿児島自動車営業所事件（最高裁二小平成5年6月11日判決（労働判例632号10頁））

> 勤務時間中のワッペン，腕章の着用を禁止されていたにもかかわらず，組合員のバッジを着用したまま点呼執行業務を行おうとしていたので，営業所長が，点呼執行業務から外し，一日中，自動車営業所内に降り積もった火山灰の降灰除去作業を10日間行わせた。
> 一審判決（鹿児島地裁昭和63年6月27日判決，労働判例527号38頁），

控訴審判決(福岡高裁宮崎支部平成元年9月18日判決,労判582号83頁)は,降灰除去作業はかなりの肉体的苦痛を伴うものであり,そのような肉体的・精神的苦痛を伴う作業を懲罰的に行わせるというのは業務命令権行使の濫用であり不法行為を成立せしめるという考え方で,パワハラとして不法行為の成立を認めた。

最高裁は,降灰除去作業を,その作業内容,作業方法等からしても,社会通念上相当な程度を超える過酷な業務に当たるとは言えず,その労働契約上の義務の範囲内に含まれるものであるとした上で,「本件各業務命令は,被上告人(組合員)が上告人(上司)の取外し命令を無視して,本件バッジを着用したまま点呼執行業務に就くという違法行為を行おうとしたことから,自動車部からの指示に従って被上告人をその本来の業務から外すこととし,職場規律維持の上で支障が少ないものと考えられる屋外作業である降灰除去作業に従事させることとしたものであり,職場管理上やむを得ない措置ということができ,殊更に被上告人に対して不利益を課するという違法,不当な目的でされたものであるとは認められない。」と判断し,パワハラ等の違法行為ではないと判断した。

### 外井弁護士の視点

本来は,労働組合の活動としての不当労働行為の支配介入の事例として問題とされていた事例である。原告Xは,本来自動車部所属の運輸管理係であり,その本来の業務から外しての炎天下での10日間の降灰除去作業であって,如何に業務命令に背いたとはいっても明らかに本来の業務とは離れた過酷で屈辱的な作業を命じたことは,最高裁の判断とは異なるが,パワハラに該当するのではないかと考える。

パワハラに該当するとした場合の類型はb精神的な攻撃(侮辱),e過小な要求(能力や経験とかけ離れた程度の低い仕事を命じること)となるだろう。

〈キーワード〉
炎天下の降灰除去作業

**まとめ**
- 被告Y1（営業所長），被告Y2（営業所助役）
- 原告Xは国鉄職員（国労組合員）
- 勤務時間中のワッペン，腕章の着用，バッジの着用を禁止し，執務しようとしたので業務を外して，10日間の降灰除去作業
- パワハラ等の違法行為ではない

**事例4** エールフランス事件（第一審：千葉地裁平成6年1月26日判決（労働判例647号11頁），控訴審：東京高裁平成8年3月27日判決（労働判例706号69頁））

　Xは，被告Y1航空会社の成田空港支店の旅客部旅客課で接客業務を行っていたが，Y1社は，昭和56年頃から経営が悪化し，希望退職を募る事を柱とする合理化提案をし，労働組合もこれに同意し，70名の希望退職者を募り，これに足りない場合には個別に退職勧奨をするという協定が成立した。しかし，60名の従業員がこれに応じたが，Xを含む10名が個別退職勧奨を行われることになった。Xは，昭和56年3月頃から，Y2部長補佐（労働組合副委員長），Y3課長補佐（組合委員長），Y4主任（組合書記長），Y5（組合執行委員）らから嫌がらせや暴行を加えて退職届を提出するように強要された。
　しかし，Xは退職せず，Y3課長補佐らは，昭和56年12月に，Xに対して殆ど内容のない統計作業に従事するように命じ，以後，10数年その

ような仕事差別をされることになった。その嫌がらせや暴行であるが，判決で認定されたものは多数であるが，一部を紹介すると，管理職らが大声で「退職届を書け」と怒鳴る，チョークの粉をXの制服に付ける，部屋を移して遺失物係にする（後で統計作業を行わせる），会社再建についてのレポートを書かされる，煙草の火がついたまま顔面に押しつけようとする，Xの机上にピーナッツの殻等のゴミを捨てる，Xの机に落書きをする，顔を何回もビンタ打ちをする，頭からゴミバケツを被せる等であった。

これらの従業員Y2，Y3，Y4，Y5の行為は，当然に不法行為であり，使用者であるY1社の使用者責任が認められた。その点は，一審判決，控訴審判決も同様であるが，慰謝料額は安く，一審判決は330万円（弁護士費用30万円を含む），控訴審判決は330万円（ただし，暴力行為に対するものとして200万円，仕事差別に対するものとして100万円（弁護士費用30万円は別））であった。

### 外井弁護士の視点

労働組合が会社の人員整理に協力をする姿勢をとって，加害者は管理職であると同時に労働組合の役員であるという特殊性がある。Y2〜Y5の暴力，暴言は相当に酷いパワハラである。

**類型**：a 身体的な攻撃（暴行，傷害），b 精神的な攻撃（退職勧奨），
　　　　c 人間関係からの切り離し（隔離，仲間外し）等

〈キーワード〉
退職届の提出強要

### まとめ

・被告Y1社は航空会社，被告Y2は部長補佐（労働組合副委員長），

> 　　被告Y3は課長補佐（組合委員長），被告Y4は主任（組合書記長），
> 　　被告Y5は従業員（組合執行委員）
> ・原告Xは社員
> ・経営悪化による希望退職者募集，個別退職勧奨（労働組合と労働協約締結）
> ・退職に応じないため10数年の仕事差別，退職の強要等
> ・従業員Y2，Y3，Y4，Y5の不法行為責任，Y社の使用者責任
> ・賠償額
> 　　　一審は（連帯して）慰謝料330万円（弁護士費用30万円含む）
> 　　　控訴審は（連帯して）慰謝料330万円（弁護士費用30万円含む）

**事例5**　川崎市水道局いじめ自殺事件（第一審：横浜地裁川崎支部平成14年6月27日判決（労働判例833号61頁），控訴審：東京高裁平成15年3月25日判決（労働判例849号87頁））

> 　被告Y市の水道局の職員亡Aに対して，職場の課長，係長，主査ら3名が，「何であんなのがここに来たんだよ。」と発言したり，いじめ，からかい，太っていることによる嘲笑，ナイフを見せてすごむ，侮蔑の発言等の諸行為を行った。この背景には，亡Aの父がY市の水道局工事用立杭の建設用地として耕作地を貸して欲しいという要請があったのに対してこれを断ったことがあったという経緯があった。
> 　これらの行為により，亡Aは欠勤がちになり，医師の診断による心因反応と診断され，出勤しなくなり，さらに，精神分裂病（統合失調症）・人格障害・心因反応と診断されるに至った。そして，療養後，職場復帰前に，3名を恨む旨の遺書を残して自殺した。
> 　判決は，加害者らの勤務先である川崎市の責任を認め，7割は本人の

資質ないし心因的要因として，約1,062万円の賠償を命じた。控訴審である東京高裁もこれを維持した。なお，課長，係長，主査らは，職務を行うについての加害行為という理由で，責任は問われなかった。

### 外井弁護士の視点

相当に酷いパワハラである。この行為者は，亡Aの上司であり，本来であればパワハラをとめるべき立場にある者3名であって，亡Aの親に対する私怨はあっても亡Aに対してパワハラを行う理由は見出しがたい。

精神疾患を発症するか増悪させており，課長，係長，主査ら行為者3名の行為は極めて悪質であり，国家賠償法の適用事案とはいえ，これらの行為者3名が無責というのは納得できないところである。

**類型：a 身体的な攻撃（暴行），b 精神的な攻撃（侮辱）**

〈キーワード〉
何であんなのがここに来たんだよ

### まとめ

- 被告Y市
- 原告X1，X2は自殺した水道局職員Aの父母
- 行為者は上司課長，係長，主査
- 心因反応，統合失調症
- 遺書，自殺
- Y市の責任あり（国家賠償法1条1項），行為者の責任無し
- 賠償額　約1,062万円（うち慰謝料は720万円）

## 事例6　国際信販事件（東京地裁平成14年7月9日判決（労働判例836号104頁））

　女性Xは、被告Y1社に勤務しており、旅行事業部に配属されていたが、同事業の廃止に伴いY1社から解雇された。Xは、解雇の無効を争うとともに、在職中、Y1社内で従業員から執拗に嫌がらせを受けたとして、Y1社、代表取締役Y2社長、代表取締役Y3専務に対して損害賠償請求をした。判決は、解雇の無効を確認するとともに、次の①～④の行為を不法行為と認めた。

① 上司と男女の関係にあるという噂を流されたのでY2、Y3に対して事態の改善を求めたにもかかわらず特段の措置をとらなかったこと
② Y2とY3に対して、物産展業務が過度に厳しいので勤務状況に対する改善を申し出たにもかかわらず長期間補充することなく過重な勤務を強いたこと
③ Y1社は、Xを物産展の担当から外し、2か月にわたって具体的な仕事を与えず、また不合理な座席の移動を命じたこと
④ Y1社は、Xに対してのみ再就職の斡旋の希望の有無を問うことなく敢えて他の社員より先に解雇したこと

　Y2、Y3らはいずれも不法行為責任を負い、Y1社は当時の商法261条3項、78条2項、民法44条1項により賠償責任を負い、慰謝料として150万円が認められた。

### 外井弁護士の視点

　①の部分は、環境型のセクシャルハラスメントといえ、セクハラとパワハラの混合の事案である。

**類型：b 精神的な攻撃**（要求の無視）、**c 人間関係からの切り離し**（隔離、仲間はずれ）、**d 過小な要求**（仕事を与えない）

〈キーワード〉
仕事を与えず，座席の移動

### まとめ

- 被告Y1社は信販会社，代表取締役社長Y2，専務取締役Y3
- 原告X（女性）は旅行事業部配属
- 男女関係の噂を流され措置をとらない，過重勤務の改善をしない，配置替えして仕事を与えない，再就職の希望を問うこともなく解雇
- Y2，Y3の不法行為，Y1社の会社法上の責任
- 賠償額　慰謝料150万円
- Xの解雇は無効

**事例7**　**アジア航測事件**（第一審：大阪地裁平成13年11月9日判決（労働判例821号45頁），控訴審：大阪高裁平成14年8月29日判決（労働判例837号47頁））

　女性社員Xが，同年齢で後輩の男性社員Y2に平手で殴打され，頭痛が継続して，通院治療を受け，会社を欠勤しつづけた。XとY2はY1社の同じ部署で勤務していたが，その部署では，印刷機の消耗品の注文は従業員が交代で行うことになっていたが，Y2の担当となっていたためにXがY2に対し，トナーのカートリッジの注文を依頼したところ，それが命令口調であったこと等から，口論となり，Y2が平手で殴打したというものであった。Y1社も間に入って和解するように勧めたが，結局和解はできずに，Xは心因的な要素もあって長期の欠勤になり，Y1社は休職処分とし，出勤しないために2年5か月後に解雇した。

第一審判決は，Y2の暴行による不法行為責任として，またY1社の使用者責任として損害金約194万円及び慰謝料60万円の支払いを認めた。また，控訴審判決は，損害額を慰謝料60万円を含めて，やや減額して，約190万円を認めた。一方，解雇については，第一審，控訴審ともにXの欠勤はY1社の従業員であるY2の暴行によるもので，Y1社は治癒を待って復職させるのが原則であって，治癒の見込みや復職の可能性を検討せずに直ちに解雇するのは信義に反して権利の濫用として解雇を無効とした。

外井弁護士の視点

後輩社員であるY2による暴力行為が発端であり，職場における力関係は先輩社員であるXの方が強いと思われるが，体力的には男性であるY2の方が優位であったということであろう。

パワハラというよりは社員間の単なる暴力行為であったというのが，より実態に近いであろう。

**類型：a 暴行・傷害（身体的な攻撃）**

〈キーワード〉
平手打ちの殴打

まとめ

・被告Y1社
・被告Y2は後輩社員
・原告Xは先輩社員
・Y2とXが口論となり，Y2が平手でX殴打
・Xが心因的要素等で長期欠勤。Y1社はXを休職に付し，期間満了退職

・Y2は不法行為，Y1は使用者責任（民法715）
・賠償額　第一審：約194万円と慰謝料60万円
　　　　　控訴審：約190万円（うち慰謝料60万円）
・Xの退職扱いは無効

**事例8**　**東京女子医大事件**（東京地裁平成15年7月15日判決（労働判例865号57頁））

　学校法人Y1の経営する医科大学において，主任教授Y2が助教授Xに対して，職員会議の席上，Xのことを指しているとわかる文書で，平成10年10月に「スタッフの大改造を考えており，定年まで止まる必要はないから自覚のある者は身の振り方を考えるべきだ」と書面で配布したことに加え，平成10年12月の医局忘年会でも，Y2は，「スタッフの中にお荷物的存在の者がいるので，死に体で教室に残り生き恥をさらすより英断を願う」という内容の書面を配布し，同様のスピーチを行った。なお，助教授であるXは2回教授選考に応募したが認められず，Y2は全国公募により教授として選任されたという経緯があった。
　XはY1と上司であるY2についてパワハラによる損害賠償請求を行い，判決は，Y1とY2に対して，連帯して慰謝料400万円，弁護士費用50万円という慰謝料の支払を命じた。

**外井弁護士の視点**

　主任教授Y2が，年配で大学での経験の長い助教授Xが邪魔で仕方がなく，追い出そうとして，一見してXと判る表現での文書を配布したというもので，主任教授からすると年上の助教授がいてやりにくいのは事実であろうが，それをうまく調整するのが教授の力量ではないのであろ

うか。

　賠償額は弁護士費用を含めて450万円とパワハラとしては比較的高額であるが，相応の金額であり，他の事例の慰謝料額が安すぎるものと考える。

**類型：b 精神的な攻撃（名誉毀損，侮辱）**

〈キーワード〉
生き恥をさらすよりも英断を願う

```
まとめ
・被告はＹ１学校法人，Ｙ２主任教授
・原告助教授Ｘ
・Ｙ２が，Ｘに退職を勧める文書を２回配布して，職場に広める
・Ｙ２の不法行為，Ｙ１学校法人の使用者責任（民法715）
・賠償額　慰謝料450万円（うち弁護士費用50万円）
```

**事例９　誠昇会北本共済病院事件**（さいたま地裁平成16年９月24日判決，労働判例883号38頁）

　亡Ａは，病院を経営している医療法人Ｙ１において准看護師として勤務しており，課長Ｙ２（男性）はその先輩であり上司である准看護師であった。Ｙ２は亡Ａに対して，勤務時間終了後遊びにつきあわせ，自分の仕事が終了するまで帰宅させず，残業や休日勤務を強制し，家の掃除，車の洗車，長男の世話，風俗店・パチンコ店への送迎，馬券の購入などを行わせ，恋人とデート中に用事もないのに病院に呼び出す，社員旅行の際に飲酒代約９万円を負担させる，死ねよと発言，殺すとメール

を送る，病院の職員旅行で女性事務職員と性的行為をさせようとしたなどの諸行為を行い，亡Aはうつ状態になり自殺した。

　判決は，「Y2らのXに対するいじめは，長期間にわたり，執拗に行われていたこと，亡Aに対して「死ねよ。」との言葉が浴びせられていたこと，Y2は，亡Aの勤務状態・心身の状況を認識していたことに照らせば，Y2は，亡Aが自殺するかもしれないことは予見することは可能であった」として，自殺によって死亡した結果についての責任を認めた。他方で，Y1法人については，Y1法人は亡Aが自殺することまでは予見できなかったとして，「本件いじめを防止できなかったことによって亡Aが被った損害について賠償する責任はあるが，亡Aが死亡したことによる損害については賠償責任がない。」と判断した。賠償額は，Y2は1,000万円で，Y1法人は500万円とした。

### 外井弁護士の視点

　パワハラとしてもかなり悪質な事例であり，しかも，業務とは全く無関係なY2の私生活での手伝いも強要しているのであり，驚くべきと言うしかない。上司とは言っても資格は同じ准看護師であり，亡Aが看護師の受験を考えていたので虐めてやろうという邪な気持ちがパワハラにつながったのであろう。

**類型：** b精神的な攻撃（脅迫，ひどい暴言），d過大な要求（業務上明らかに不要なことの強制），f個の侵害（家庭の手伝い，私生活の妨害）等

〈キーワード〉
　「死ねよ」「殺す」

> **まとめ**
> - 被告Y1医療法人，被告Y2は課長（准看護師）
> - 原告X1，X2は被災者Aの父母
> - 被災者Aはうつ病，自殺
> - 勤務時間外の遊びつき合わせ，残業・休日勤務の強要，Y2宅の掃除，Y2の車の洗車，Y2の長男の世話，風俗店・パチンコ店への送迎，恋人とのデート中の呼び出し等
> - Y2の不法行為，Y1法人の使用者責任（民法715）
> - 賠償額：慰謝料
>     Y2は1,000万円，Y1法人は500万円

### 事例10　A保険会社（上司損害賠償）事件（第一審：東京地裁平成16年12月1日判決（労働判例914号86頁），控訴審：東京高裁平成17年4月20日判決（労働判例914号82頁））

> 損保会社であるY1社サービスセンターの課長代理Xに対する，上司であるユニットリーダーBの電子メール（まとめ〈参考〉の①のメール）と，所長でありXの人事考課査定権限者であるY2のメール（まとめ〈参考〉の②のメール）について，パワハラではないか争われた事案である。
> 
> 　一審判決は，Xの請求を棄却したが，控訴審判決は，指導・叱咤督促しようとの目的が相当であったとしても，その電子メールの内容がその表現において許容限度を超え，著しく相当性を欠くので不法行為を構成し，慰謝料として金5万円の賠償を認めた。ただし，判決はパワーハラスメントの意図があったとはいえないと判断した。
> 
> 　なお，上告審（最高裁一小平成17年9月20日決定）は上告受理申立は

不受理となっている。

#### 外井弁護士の視点

長年の滞留社員に対する叱咤激励であったとはいえ，ユニット全員が見ることができるメールでの過激な表現はパワハラに該当することは明らかであり，慰謝料5万円という賠償額は低すぎる。ベテランが昇進できずに滞留していたために，言葉が過ぎたのであるが，それではすまされないであろう。また，パワハラの意思があったとはいえないという判決文は全く不可解である。事例8の東京女子医大事件と類似している。

**類型：b 精神的な攻撃**（名誉毀損，侮辱）

〈キーワード〉
　出力不足なので，もっと出力を

#### まとめ

- 被告Y1社は損保会社，Y2はサービスセンター所長
- 原告Xはベテランの課長代理
- 職場の従業員が見ることのできる電子メールで，ユニットリーダーBが「出力不足なのでもっと出力を」と流し，さらに上司のY2所長が「やる気がないのなら会社を辞めるべき，会社にとって大きな損失，これ以上迷惑をかけないように」というメールを流した
- Y2は不法行為，Y1社は使用者責任（民法715）
- 賠償額　慰謝料5万円

〈参考〉
① Bの電子メールの内容
「Xは出力不足なので，もっと出力を」

② Yの電子メールの内容（X，Bを含む同じユニットの10数名の従業員にメールを送る。）

「意欲がない，やる気がないなら，会社を辞めるべきだと思います。当SC（サービスセンター）にとっても，会社にとっても損失そのものです。あなたの給料で業務職が何人雇えると思いますか。あなたの仕事なら業務職でも数倍の業績を上げますよ。……これ以上，当SCに迷惑を掛けないでください。」

**事例11** ヨドバシカメラ事件（第一審：東京地裁平成17年10月4日判決（労働判例904号5頁），控訴審：東京高裁平成18年3月8日判決（労働判例910号90頁））

労働者派遣事業を営む被告Y1社とY2社は，電信通信事業を目的とするY3社から，地域指定の代理店の店舗内における携帯電話の販売業務を受託し，他方で，家電量販店Y4社は，Y3社から携帯電話契約の取次等を内容とする代理店契約を締結していた。

X1は，平成14年10月下旬からY1社と労働契約を締結し，平成15年1月1日からY2社と労働契約を締結して，Y4社の店舗内で平成14年11月15日から平成15年3月13日まで勤務していた。その間，X1は，次の(1)～(4)のようなパワハラ行為に遭った。

(1) Y1社内で，教育訓練中，Y1社の社員Y5が，ポスターを丸めた紙筒でX1の頭部を30回くらい殴った。

(2) Y4社の販売場において，Y4社の社員Y6が，仕事上のトラブルについて謝罪していたX1に対し，その太腿を3回強く蹴った。

(3) Y2社の社員Y7が，X1が遅刻したにもかかわらず，出社時間について虚偽の連絡をしたことを巡って，深夜，Y2社の社長Y8が見

守る中で，X1の左の頬を手拳で数回殴打し，大腿部を膝を使って蹴り，頭部に肘や拳で30回にもわたって殴打した。
(4) Y7は，(3)の翌朝にX1が出社しないので，X1の母であるX2の自宅を訪れ，X2の面前で，X1を四つん這いにさせ，手拳や肘で殴打したり，足や膝で蹴るという暴行を30回にわたって加えた。

その後，X1は，Y7の指示でY2社において，遅刻したこと入店時間について虚偽の連絡をしたことについて謝罪を強いられた（強制謝罪）。

一審判決では直接の加害行為者としてY5，Y6，Y7，Y8の責任が認められた。特に(4)の暴行により，X1は，頭部・顔面打撲，左眼窩部皮下出血，口腔内挫傷，聴力障害，胸腹部打撲，左第8，9肋骨骨折，左耳介部血腫兼擦過創の傷害を負っている。また，社員Y5の関係で使用者であるY1社の責任，社員Y6の関係で使用者であるY3社の責任，社員Y7の関係で使用者であるY2社の責任が認められた。

賠償額は，X1につき，(1)の暴行が20万円，(2)の暴行が10万円，(3)の暴行が31万500円，(4)の暴行，謝罪強制が100万5,770円であった。また，母X2はX1が暴行を受けるのを間近で見せられ，急性ストレス障害の状態に陥り，元々軽傷のうつ病であったことから中程度のうつ状態となってしまった。また，X2は著作業を営んでおり，執筆活動が不能になった期間の逸失利益等の損害は約403万円と認定された。

控訴審判決は，基本的に一審判決を踏襲し，控訴を棄却した。

### 外井弁護士の視点

家電量販店に派遣された労働者が関与する複数の会社の複数の従業員らからの強烈な暴行行為での重大な傷害事案であり，まさに傷害罪としての刑事事件となるべき事案であって，賠償額としては安きに失する。

**類型：a身体的な攻撃（暴行，傷害），b精神的な攻撃（謝罪の強要）**

〈キーワード〉
殴る,蹴る
強制謝罪

**まとめ**

・原告X1は,派遣会社Y1社,Y2社と労働契約を締結し,Y3社の商品販売のために派遣先であるY4社の店舗で働く
・原告X2はX1の母親(著作業)
・X1は,Y1社の研修で,Y5から紙筒で殴られる
・X1が遅刻したのでY2社の社員Y7から,Y2社の社長Y8の見守る中で殴る蹴るの暴行を受けた
・Y4社の販売店で,Y4社の社員Y6が太ももを3回蹴った
・X1が出社して来ないので,Y2社の社員Y7が,自宅に行き,X2の前で殴打し,蹴りをいれた,さらに謝罪を強要した
・Y5,Y6,Y7,Y8の不法行為責任,Y1社,Y2社,Y4社の使用者責任
・賠償額
　　X1は162万770円(うち慰謝料160万円)
　　X2は約403万円(執筆活動が不能になった期間の逸失利益,うち慰謝料105万円)

**事例12** **ファーストリテイリングほか事件**(名古屋地裁平成18年9月29日判決(労働判例926号5頁))

　被告Y1社は衣料品販売会社であり,原告Xは平成9年3月に入社

し，平成10年10月から千葉中央店で勤務していた。被告Ｙ２は平成10年9月から千葉中央店の店長であった。

　平成10年11月17日，Ｘは千葉店において店長Ｙ２に対する仕事上の不備を指摘する運営日誌を作成したが，それを見たＹ２は激怒し，Ｘの胸ぐらをつかみ，Ｘの背部を３回ほど板壁に打ち付けた上，側にあったロッカーにＸの頭や背部を打ち付けた。ＸがＹ２に謝罪を求めたところ，Ｙ２は，さらにＸの顔面に１回頭突きをした。さらに，Ｙ２は，休憩室を出ようとするＸに対し，「まだ話は終わっていない。」と言いながら，Ｘの首のあたりをつかみ，板壁にＸの頭部背中を１回打ち付けた。Ｘは，救急車で病院へ搬送されて１日入院したが，診断は，「頭部外傷，髄液鼻漏疑い」であった。ＸとＹ２の上司が，Ｙ２とともに入院先に出向き謝罪したが，Ｘは応じなかった。Ｘは休業を続け，平成11年５月10日に神経症という診断書が提出されたが，Ｙ１社担当のＥは，正当な理由無き無断欠勤として懲戒処分も検討するという文書をＸに送付したが，それを見たＸは蕁麻疹を発症し，救急車で病院に搬送された。Ｘは入院先で診断を受け，外傷後ストレス障害（神経症）との診断をされＹ１社に提出した。長期の休業になり，Ｘは，Ｙ１社に労災保険の休業補償給付の申請をしたい旨の申入れをしたところ，担当となった管理部部長Ｃは，これを拒絶して，Ｘに電話をし，「いい加減にせいよ，お前。おっー，何を考えてるんかこりゃあ。ぶっ殺そうかお前。調子に乗るなよ，お前」等と発言し，Ｘはその電話を受けて救急車で病院に搬出された。

　判決は，Ｙ２の暴行行為，管理部部長Ｃの電話での発言について不法行為であり，さらに使用者責任（民法715）を認めた（Ｙ１社，Ｙ２，Ｃの共同不法行為）。損害額は，休業損害約1,900万円，慰謝料500万円であるが，素因減額として60％を減額し，さらに労災保険からの補償金を控除して，残額と弁護士費用で，合計約205万円となった。

控訴審（名古屋高裁平成20年1月29日判決，労働判例967号62頁）は，概ね一審判決を踏襲し，賠償額について修正したに止まった。上告審（最高裁三小平成20年9月30日決定）は上告棄却，上告申立不受理で控訴審判決が確定した。

### 外井弁護士の視点

衣料品販売店において仕事上の不備の指摘を受けた店長Y2がその従業員Xに対して怒り，暴行を行い，Xが休職を継続していたのに対しては懲戒処分にするという通告をしている。休職を続けて労務を提供しないことの適否はともかく，いきなり懲戒処分の通告をするというのは過激な対応と言えよう。

神経症で休業している従業員に対して，出勤を強要し，休業しているのは無断欠勤として懲戒処分にする旨の通告をするというのは，状況次第ではあるが一種の脅迫であろう。

**類型：** a 身体的な攻撃（暴行・傷害），b 精神的な攻撃（ひどい暴言，脅迫）

〈キーワード〉
外傷後ストレス障害（神経症）

#### まとめ

- 被告Y1社は医療品販売会社，被告Y2は店長
- 原告Xは店員
- Y2がXに対して傷害行為，救急車で運ばれ「頭部外傷，髄液鼻漏の疑い」
- 長期の休業となり，Xの労災申請に対して，管理部長Cが暴言
- Y2とCの不法行為責任，Y1社の使用者責任（民法715）

## 第3　パワーハラスメントに関する裁判例の解説

・賠償額　慰謝料額及び逸失利益で約205万円（うち慰謝料額200万円）

**事例13　前田道路事件**（第一審：松山地裁平成20年7月1日判決（労働判例968号37頁），控訴審：高松高裁平成21年4月23日判決（労働経済判例速報2044号3頁））

　被告Y社の営業所長であった亡Aが，ノルマが厳しかったこともあって架空売上による不正経理をしていたことが発覚した。解雇にはならなかったものの，その上司が毎朝工事日報を報告させ，執拗に叱責し，落ち込んだ様子を見せるにいたり，さらに業績検討会の際にも「会社を辞めればすむと思っているかも知れないが，辞めても楽にならない」旨の発言をして叱責した。このことは，社会通念上許される業務上の指導の範疇を超えるものと判断された。亡Aは，精神障害になり自殺したが，一審判決は，会社は安全配慮義務違反ありと判断されたが，本人側の過失を6割とした。

　なお，控訴審判決は，全く逆の判断であり，逆転で亡Aの遺族の請求を棄却した。

　控訴審判決は，「……Y社の営業所では，独立採算を基本としており，過去の実績を踏まえて翌年度の目標を立てて年間の事業計画を自主的に作成していたこと，東予営業所の……の年間事業計画は亡Aの前任者が作成したが，……の年間事業計画は亡Aが東予営業所の過去の実績を踏まえて作成し，四国支店から特に事業計画の増額変更の要請はなかった事が明らかであって，東予営業所における業績環境が困難なものであることを考慮しても，当初の事業計画の作成及び同計画に基づく目標の達成に関しては，亡Aの上司らから亡Aに対する過剰なノルマ達成の強要があったと認めることはできない。」「他方で，亡Aの上司らからの約

> 1,800万円の架空出来高を遅くとも平成16年度末までに解消することを目標とする業務改善の指導は，従前に年間業績で赤字を計上したこともあったことなどの東予営業所を取り巻く業務環境に照らすと，必ずしも達成が容易な目標であったとは言いがたい。」
>
> 「亡Aの上司から亡Aに対して架空出来高の計上等の是正を図るように指示がされたにも関わらず，それから1年以上が経過した時点においてもその是正がなされていなかったことや，東予営業所においては，工事着工後の実発生原価の管理等を正確かつ迅速に行うために必要な工事日報が作成されていなかったことなどを考慮に入れると，亡Aの上司らが亡Aに対して不正経理の解消や工事日報の作成についてある程度の厳しい改善指導をすることは，亡Aの上司らのなすべき正当な業務の範囲内にあるものというべきであって，社会通念上許容される業務上の指導の範囲を超えるものと評価することはできないから，亡Aに対する上司らの叱責等が違法なものということはできない。」と述べている。

### 外井弁護士の視点

　第一審判決と控訴審判決とが全く結論を異にしており，判断が難しいが，元々は亡Aの架空売上計上という行為は解雇になってもおかしくない事例であったということから，その後は相当に厳しく指導監督してよいという立場（控訴審判決の考え方）と，それはそれで別で，解雇をしなかった以上は指導監督の行きすぎがあれば上司や使用者には責任を問うことはできるという立場（一審判決の考え方）があり得るであろう。

（パワハラになるという立場をとれば）
**類型：b精神的な攻撃**（名誉毀損，侮辱，ひどい暴言），**d過大な要求**
　　　（遂行不能なことを強いる）

第3　パワーハラスメントに関する裁判例の解説

〈キーワード〉
架空売上の発覚と厳しい改善指導

### まとめ

- 被告Y建設会社
- 原告X1，X2は営業所長亡Aの妻と子
- ノルマが厳しく，亡Aは架空工事の売上を計上していたが，発覚してから，毎朝工事日報を報告させて叱責された
- 亡Aはうつ病，自殺
- 一審判決は，X1らが勝訴したが，過失相殺6割
- 控訴審判決は逆転で，請求棄却

### 事例14　海上自衛隊（護衛艦さわぎり）事件（福岡高裁平成20年8月25日判決，判例時報2032号52頁）

　護衛艦内での三等海曹（21歳）が艦内でうつ病になり自殺したという事案である。

　一審（長崎地裁佐世保支部平成17年6月27日判決，労働経済判例速報2017号32頁）は請求を棄却したが，控訴審判決はこれを認めた。

　上司である班長が，「お前は三曹失格だ。」「お前は三曹だろ。三曹らしい仕事をしろ。」「お前は覚えが悪いな。」等と継続的に述べて叱責した。班長の行為は，自己の技能熟練に対する認識を促し，積極的な執務や自己研鑽を促すとの一面を有していたとしても，本人の技術練度に対する評価に止まらず，同人の人格自体を非難，否定する言動であったとともに，本人に対し階級に関する心理的負荷を与え，下級の者や後輩に

対する劣等感を不必要に刺戟する内容であり，不適切であるというに止まらず，違法な行為であるとした。

判決は，慰謝料として，実母200万円，養父150万円の賠償を認めた。

### 外井弁護士の視点

自衛隊の護衛艦内の上級海曹から新人の海曹へのいじめ行為であり，一審判決が何故請求を棄却したのかは不明である（おそらく具体的な主張立証ができなかったからであろう）。相続人である妻子には国家公務員としての遺族年金が支給されていると思われる。相続人らは，それでさらに国家賠償をしようとは考えなかったのではないかと推察される。慰謝料額は低額であったが，それは法定相続人である妻子が当事者（原告）ではなかったからである。

**類型：b 精神的な攻撃（侮辱・ひどい暴言）**

\* なお，平成31年1月30日の朝日新聞の報道によると，海上自衛隊横須賀基地の補給艦ときわで，三等海尉が自殺した問題で，艦長である二等海佐と上官の三等海佐が自殺した三等海尉を他の幹部がいる前で大声で叱責し，罵声を浴びせるなどの行為を行い，その三等海尉は「自衛隊を辞めます。」と述べていたという。残念ながら，同様の行為が繰り返し行われていたようである。

〈キーワード〉
お前は三曹失格だ

### ポイント

・被告国
・原告らは，自殺をした自衛官Aの実母X1と養父X2
・上司の班長は，「お前は三曹失格だ。」「お前は三曹だろ，三曹らしい仕事をしろ。」「お前は覚えが悪いな。」と言って，継続的に叱責した

・亡Aは自殺
・一審判決は請求棄却
・控訴審判決は被告である国の責任認める
・賠償額　実母Ｘ１に200万円，養父Ｘ２に150万円（慰謝料として）

**事例15**　三洋電機コンシューマエレクトロニクス事件（第一審：鳥取地裁平成20年3月31日判決（労働判例987号47頁），控訴審：広島高裁松江支部平成21年5月22日判決（労働判例987号29頁））

（事案は複雑であるので，一部のみを紹介する。）

　Ｙ１社の準社員であったＸが，異動してきた従業員Ａについて，「Ａさんは以前会社のお金を何億円も使い込んで，あおりで今の職場に飛ばされたんだって。」等と抽象的な発言をしたことについて，上司Ｙ２らが行った注意指導がパワハラではないかと争われた事案である。判決は，上司Ｙ２らがＸを会議室に呼んで面談をし，Ｘに注意指導をしたこと自体は，適切であったが，その際に，大声を出して，「使い込んだ証拠を持ってこい。何億円の。」，「名誉毀損の犯罪なんだぞ。」，「俺は絶対に許さんぞ。」等と大声で叱責した行為については社会通念上許容される範囲を超えており，Ｘに対する不法行為となる旨の判断をした。

　また，Ｙ１社の担当部署は平成16年頃からの受注量の減少により余剰人員に退職を勧奨する外，他の部門への生産応援や関連会社への異動を行っていたが，Ｙ１社も，余剰人員に退職を勧奨し，準社員はＸを除き全員が退職に応じたが，Ｘに対しては清掃業務を主たる目的とするＫ社に出向させ，独身寮の清掃業務を行わせた。さらに応援業務からＹ１社に戻ってきて，次の出向先に出向を命じるまでの待機の期間，上司であるＹ３は，Ｘに社内規程の精読を命じた。これらの行為につき，一審判

決は，パワーハラスメントを構成するとしたが，控訴審判決は，やむを得ない人事施策の裁量の範囲内の措置であるとしてXの請求を棄却した。

そのY1社，Y2への賠償額は第一審判決は300万円としたが，控訴審判決は10万円と判断した。

### 外井弁護士の視点

Xが他の社員の噂を軽率に職場内で流したことにつき，大仰に叱責したことを一審も控訴審もパワハラとしたが，退職させることを前提に出向させて，本来の業務を離れて独身寮の清掃業務と，復帰後の社内規程の精読をさせたことを，一審はパワハラと認定したが，控訴審はパワハラと認定しなかった。しかし，かなりの人格，尊厳を毀損する行為でありパワハラとして認定してもよかったのではないかと思われる。それ自体の必要性があったか否かを検討しなければならない事案であろう。

**類型：** b 精神的な攻撃（侮辱，ひどい暴言），e 過小な要求（能力や経験とかけ離れた程度の低い仕事を命じること）

〈キーワード〉
「名誉毀損の犯罪なんだぞ」
独身寮の清掃業務と社内規程の精読

### まとめ

・原告Xは準社員
・被告Y1社は電機メーカーの子会社，被告Y2は上司
・Xが従業員のうわさ話を聞いて真偽を確かめずに吹聴したことにつき，上司Y2が大声で叱責したことは不法行為
・Xが，余剰人員対策としての退職勧奨に応じず，さらに，出向先で，

独身寮の清掃を命じ、復帰してからも業務がないためＸに社内規程の精読を命じたことは不法行為ではない
・Ｙ１社は使用者責任（民法715）
・不法行為について賠償額（慰謝料額）
　　一審判決は300万円，控訴審は10万円

**事例16** **ヴィナリウス事件**（東京地裁平成21年１月16日判決（労働判例988号91頁））

　Ｙ社は，ワイン及び食料品の輸入並びに販売等を主たる事業とする会社であり，Ｘは，平成18年５月８日に入社して同年６月９日に解雇された。
　Ｙ社のＢ部長は，ＸがＢ部長の指示どおりに動けなかった場合に，他の従業員がいる前で「ばかやろう」と怒鳴ったり，航空券の手配をＸに頼んだ際，Ｘがインターネットで調べていると，「ばかやろう，旅行会社全部に片っ端から電話してみろ。」と一方的に責め立てた。また，Ｂ部長は，別室にＸを呼び，「三浪して大学に入ったにもかかわらず，そんなことしかできないのか。」「私はお客様に愛されているし，英語も出来るし，自分の方がよっぽど上手なんだ。」「今日やった仕事を言って見ろ。」と問い，Ｘがその日の業務内容を答えると，「ばかやろう。それだけしかできないのか。他の事務をやっている女の子でもこれだけの仕事の量をこなしているのに，お前はこれだけしか仕事できないのか。」等とＸを叱責した。また，Ｘの電話の対応を問題として「お前は電話をとらなくていい。」などといって，Ｘの仕事を減らしたりした。
　Ｘは，平成18年５月23日から26日まで体調不良により欠勤した。同年６月８日，Ｘが執務中に居眠りをしていたために，Ｂ部長から注意さ

れ，その理由を聞かれたため，病気で通院中であり薬を飲んでいるせいかもしれないと答えると，B部長は，「お前はちょっと異常だから，医者にでも診てもらってこい。」といい，Xは翌日通院する為に，家に戻った。6月9日にXはクリニックを受診し，診断書の発行を受け，Y社でB部長に提出したところ，B部長は，「うつ病みたいな辛気くさいやつは，うちの会社にはいらん。うちの会社は明るいことをモットーにしている会社なので，そんな辛気くさいやつはいらないし，お前が採用されることによって，採用されなかった人間というのも発生しているんだ。会社にどれだけ迷惑をかけているのか，わかっているのか。お前みたいな奴はもうクビだな。」と30分くらいにわたって罵声を浴びせた。

Xは，B部長からクビだと言われて途方に暮れ，また，うつ病からくる自殺願望が出てきたため，遺書を書き，地下のワインセラーに降りて，処方された薬を2週間分飲んで自殺を図った。それで，他の従業員が心配して地下室に行き，倒れているXを発見し，救急車で病院に運ばれ一命を取り留めた。

Xの両親は，Y社に呼ばれ，Xの母親が出向いたところ，Y社の社長は，今回の出来事はY社に一切責任がない旨の書面を出すように言われ，Xの母親はそれに応じて，「Xこと，私共の長男はY社に入社する以前より，うつ病になっておりまして，今後どのようなことがありましても，Y社には，何の責任もございませんので，ここではっきり申し上げます。」という書面を書いて提出した。

平成18年6月12日頃，Xは解雇について説明を受けようとY社に電話したところ，B部長が，「この件は君の母親との間で話がついているので，もう電話してくるな。」「ばかやろう。」と答えた。その後，XはY社の登記簿上の代表取締役に対して，自分がどのような状態になっているのかを尋ねたところ，自己都合以外の事由で退職した形になっているという回答であった。Xは，同年7月7日付の書面で，雇用保険の手続

第3　パワーハラスメントに関する裁判例の解説　　*111*

に必要なので，解雇予告通知と解雇予告証明書を交付して欲しいと要請
し，Y社もこれに応じた。7月7日に，Y社社長は，Xの母親に対して，
「Y社に勤務していなかったことにしたらどうか。」といったところ，母
親は，それは事実と異なるといって断り，弁護士と相談している旨話し
たところ，Y社社長は，「契約書にサインしたのだから，息子の行動を
やめさせろ。さもないと息子の人生を，めちゃくちゃにしてやる。」と
発言した。さらにY社社長はXにも電話してきて，「母親に一筆書いて
もらっているのだから，訴えるようなことはするな。」と言ったが，X
がこれを断ると，Y社社長は，「あなたの人生をむちゃくちゃにしてや
るから覚悟しておけ。」と言い，電話を切った。

　判決の内容は以下のとおりである。
・Xの業務がそれ程過重であったとは認められず，業務とうつ病との関
　係は不明であるとして因果関係は認められない。
・B部長の発言については，Xの人格を否定し，侮辱する域にまで達し
　ているといえ，不法行為と評価されてもやむを得ないものということ
　ができる。そして，前後の経緯からしても，一連のB部長の発言のう
　ち，6月8日，6月9日の2日間のものは，自殺未遂の直接の原因と
　なったものと認めることができる。
・解雇については，B部長の発言をもって解雇の意思表示と認めること
　はできないが，B部長のこのような発言は，従業員を困惑させるもの
　であり，現にXはこの発言と引き金として自殺行為に及んでいるので
　あり，パワーハラスメントとしてはかなり悪質であると言わざるを得
　ない。特に6月9日にうつ病であることを知った後にもこのような言
　動を続けたことは，うつ病に罹患した場合に自殺願望が生ずることは
　広く知られたところであることに照らすと，うつ病に罹患した従業員
　に対する配慮を著しく欠くものと評価せざるを得ない。
・B部長の6月9日までのパワーハラスメント行為は不法行為を構成す

る。Y社も使用者責任（民法715条）の責任を負う。
・Xの慰謝料額は80万円とする。

### 外井弁護士の視点

　B部長の執拗ないじめとも言える言動によるパワハラを受けたXが自殺を図って入院したという事案であり，さらに，Y社の社長は，その件で一切責任を負わない旨の書面をXの母親に書かせ，署名させて責任を回避しようとしたものであった。パワハラ行為のみならず，会社の責任を回避しようと画策したという事案であって，悪質としかいえず，賠償額の80万円はいかにも少ないと言える。

**類型：b精神的な攻撃**（脅迫，侮辱，ひどい暴言）

〈キーワード〉
　ばかやろう
　辛気くさいやつはいらん
　あなたの人生をめちゃくちゃにしてやる

### まとめ

・被告Y社は，ワイン及び食料品の輸入・販売業者
・原告Xは，B部長から何度も「ばかやろう」と怒鳴られ，「大学3浪して入ったのにそんなことしかできないのか。」「今日やった仕事を言ってみろ。」「お前は電話を取らなくてもいい。」等と怒鳴りつけた
・Xは体調不良により欠勤したところ，B部長は医師の診断書を要求し，うつ病であるという診断書を出したところ，「辛気くさい奴はもういらん。お前みたいな奴はクビだな。」と発言し，Xは遺書を書き，薬を大量にのみ自殺を図ったが，未遂に終わった
・B部長の発言は解雇ではないが，Xを困惑させ自殺に追い込んでおり

> 悪質なパワーハラスメント
> ・B部長の発言行為は不法行為，Y社は責任を負う
> ・賠償額　慰謝料80万円

## 事例17　富国生命保険事件（鳥取地裁米子支部平成21年10月21日判決（労働判例996号28頁））

　Y1生命保険会社の営業所において勤務していた班長・マネージャーであったXが，営業所長であるY3の手続懈怠が元になって発生した死亡保険金のトラブルやXの班の分離を巡る動き等で，支社長Y2と営業所長Y3が他の社員の面前でXの不告知教唆を問いただしたこと，Xの同意なくX班の分離を決行したこと，Xに対して「成績が悪い」，「班員を育成していない」，「この成績でマネージャーが務まると思っているのか」，「マネージャーを何時降りてもらっても構わない」等，多数回にわたってマネージャー失格であるかのような言動で叱責したことでストレス性うつ病となり休職し，休職期間満了により自動退職をした。

　判決は，Y2支社長は，他の社員のいる中で，Xに対し，不告知教唆の有無を問いただしているが，この点は，管理職としての配慮に欠けるものであって違法であり，長年マネージャーを務めてきたXに対し，いかにもマネージャー失格であるかのような言葉を使って叱責することはマネージャーとしての誇りを傷つけるもので違法と言わなければならないと判断した。そして，Y1社の使用者責任を認めた。賠償金額は慰謝料300万円及び弁護士費用30万円で計330万円である。

### 外井弁護士の視点

　支社長の他の社員がいる前での心ない発言で，Xをストレス性うつ病

に追い込み，休職期間満了により自動退職させたという事案であって，ストレス性うつ病は業務上災害の可能性があったのではないかと思われる。そうすると自動退職は無効になる可能性があったように思われる。

**類型：b精神的な攻撃**（侮辱，ひどい暴言）

〈キーワード〉
マネージャー失格

---

**まとめ**

・被告Y1社は生保会社
・原告Xは班長・マネージャー
・支社長Y2と営業所長Y3が，死亡保険金のトラブルや不告知教唆につき，「成績が悪い」，「班員を育成していない」，「マネージャーを何時降りてもらっても構わない」，「この成績でマネージャーが務まると思っているのか。」と叱責し，Xはうつ病になり，期間満了退職
・Y2とY3の行為は不法行為，Y1社は使用者責任
・賠償額　慰謝料330万円（弁護士費用を含む）

---

**事例18　S工業事件**（東京地裁平成22年2月16日判決（労働判例1007号54頁））

本件は，パワハラというよりもむしろセクハラの事案であるが，原告Xがパワハラとも主張しているのでパワハラの事案としても紹介することにした。

被告Y1社は建築資材の設計，製造販売等を目的とする会社である

が，Y2はその取締役であり人事管理を担当していた。X（女性）は，平成4年3月に採用されたが，幼い娘を抱えて離婚しており，Y2はXに関心を持ち，平成16年3月頃から外出先に同行させ，帰りに食事に誘い，「Xちゃんとデートができて楽しい」などと発言したり，Xの娘の高校入学に入学祝いを贈り，月1回食事に付き合うことを条件に月10万円を支払うことをXに約し，さらに，Xの娘のホームステイやXの海外旅行の費用やバッグ，めがねも購入してやったりし，平成17年2月から18年末までの支援した総額は300万円ほどになっていた。その後，Y2は，Xのメールアドレスを聞き出し，頻繁にメールを送り，休日にも返信を求めるようになり，これを拒否すると，度々自宅に電話をするようになった。XはY2の言動が負担になって，平成18年12月に退職届を提出し，平成19年1月に退職した。

　Y2の送信したメールや経済的な支援を含む働きかけは，会社の上司と部下の関係を逸脱した，Xの私生活に対する執拗かつ過剰な干渉であり，Xはメールの着信を拒否する等，Y2の言動に相当の負担感や不快感を覚えた事が窺え，外形的にはセクシュアルハラスメントに当たるとも言える。他方で，Xは平成17年2月頃から約2年足らずの間に約300万円の経済支援を受けており，Y2がメールに返信がないと支援を打ち切る等と言い出し，これを避けたいXが返信等に応じると，Y2が態度を変えて支援を続けるといった応酬が何度か繰り返されたことからすると，Xは経済的な支援を得ることを優先して過剰な干渉を受けながらも条件付で定期的に食事等をするという不自然な状態を自発的に解消しようとはしなかったと言える。これらを勘案して判決は，Y2の一連の行為が不法行為に当たるとまでは認められないと判断して，セクハラ，パワハラには該当しないと判断した。

### 外井弁護士の視点

取締役Y2が，シングルマザーのXを月1回の食事につき合わせることで1月10万円の支援をしたが，Y2の連絡が頻繁となりXがそれを負担に感じて，関係を断とうとしてY1社を退職したという事案である。一時期はXにもY2からの支援を受けようという考えはあり，Y2も多額の金をXのためにつぎ込んでおり，Y2がのめり込んだことについてもX側にも責任がないとは言えないということである。Xが，後には関係を絶とうとしたとは言っても，Y2からの支援を継続して受け入れてきた以上は，メールや電話で追い回してもパワハラにはならないということである。

〈キーワード〉
1月10万円の経済的支援

### まとめ

- 被告Y1社は，建築資材の設計・製造販売社，Y2は取締役で人事管理担当
- 原告Xは中途入社の女性社員で母子家庭
- Y2よりXへ，月1回の食事につき合うことを条件に月額10万円の支援を行う。Xの子どものホームステイ，Xの海外旅行の費用等を1年半くらいで300万円支出してXの生活を援助
- 頻繁なメール送信，休日にもメールの返信を求め，自宅への電話を行う。交際に応じないと支援を打ち切ると言いだし，返信に応じると支援を行うことの繰り返しがなされる
- パワハラ，セクハラに該当しない
- Xの請求棄却

## 第3 パワーハラスメントに関する裁判例の解説

**事例19　日本ファンド事件**（東京地裁平成22年7月27日判決（労働判例1016号35頁））

　Y1会社の上司Y2が，行った下記の行為について，パワハラではないかと争われた事案である。
① 喫煙者であるX1，X2に対してたばこ臭いと言って，平成19年12月から平成20年5月にかけて扇風機の風を当てた行為（X1は病院でうつ病と診断され1か月間休職を余儀なくされた）
② X1がY2の提案した業務遂行方法を採用していなかったことから，Y2はX1に今後どのような処分を受けても一切異議はないとの文書を提出させ，さらに，X1が部門会議で意見を述べたところ，Y2は怒りだし，明日からは来なくていいなどと怒鳴り立てた行為
③ X2が行っていた請求書による債権回収を禁止し，毎日200件以上の電話による債権回収を強制し，もってX2の債権回収実績を大幅に下落させた行為，及び，顧客の信用情報の報告処理を怠っていたX2を叱責し，給料をもらっていながら仕事をしていませんでした旨の文言を加えた念書を提出させた行為
④ 風邪を引いているX3に対し，お前の気持ちが怠けているからだと説教するとともに，X3の配偶者を侮辱した行為，及び，昼食に出された寿司をX3が体質的に食べられないのを見て，「水でも飲んでろ。」と発言して笑いものにした行為
⑤ 事務所の席替えの際，作業が終わるのを立って見ていたX3の背中を強く殴打し，また，X3を自席に呼びつけて貸付金の回収方法について話をしている際，X3の左膝を右足で蹴った行為
　判決は，①の行為はX1，X2に対して不法行為となること，②の行為はX1に対する不法行為となること，③の行為のうち，電話による回収を求めた行為は違法ではないが，顧客の信用情報の報告処理が行われ

ていなかったことに対するY2の行為は，X2に多大な屈辱感を与えた
ものであり，社会通念上許される業務上の指導の範囲を逸脱してX2に
過重な心理的負担を与えたものというべきであり，不法行為に該当する
と判断した。④の行為は，いずれも何ら反論できないことについて大い
に屈辱感を感じたと認めることができ，不法行為に該当すると判断し，
⑤の行為は，何ら正当な理由もないまま，その場の怒りに任せてX3の
身体を殴打したものであるから，違法な暴行として不法行為に該当する
と判断した。その上で，Y1社の使用者責任を認めた。賠償金額は，X
1は約96万円（うち慰謝料額は60万円），X2は慰謝料として40万円，
X3は慰謝料として10万円とした。

## 外井弁護士の視点

　上司であるY2の種々の嫌がらせ，叱責がパワハラとして違法行為と
認定された事案である。特に，寿司を食べられない体質であるX3に「水
でも飲んでろ。」と発言して笑い者にしたことをパワハラと認定したの
は印象深い。

**類型**：a 身体的な攻撃（扇風機の風当て），b 精神的な攻撃（脅迫・強
要，名誉毀損，侮辱）

〈キーワード〉
扇風機の風を当てる
「水でも飲んでろ」

### まとめ

・被告Y1社ファンド会社，被告Y2は上司
・原告X1，X2，X3は社員
・Y2は喫煙者であるX1，X2にたばこ臭いと言って扇風機の風を当

てる
・Y2は，X1がY2の指示した業務方法を採用しなかったために，今後どのような処分を受けても一切異議はない旨の文書を出させた
・Y2はX1が会議で意見を述べたところ怒り出し，明日から来なくて良いと怒鳴り立てた
・Y2が，X2の顧客の信用情報の報告処理を怠ったことを叱責し，念書を提出させた
・Y2が，風邪を引いているX3に対し，説教して，X3の妻を侮辱し，X3が体質的に寿司を食べられないのを見て「水でも飲んでろ。」と言って笑いものにした
・Y2が，X3の背中を強く殴打し，X3の左膝を右足で蹴った
・Y2の行為は不法行為，Y1社の使用者責任（民法715）
・賠償額
　　　X1には約96万円（うち慰謝料額は60万円），
　　　X2には慰謝料として40万円，X3には慰謝料として10万円

**事例20**　**海上自衛隊（護衛艦たちかぜ）事件**（第一審：横浜地裁平成23年1月26日判決（労働判例1023号5頁），控訴審：東京高裁平成26年4月23日判決（労働判例1096号19頁））

　元二等海曹である被告Y2の暴行や恐喝，エアガンで部下を撃つ，アダルトビデオを高額で売りつける等により，一等海士であった亡Aが自殺した。元二等海曹Y2の暴行，恐喝が自殺につながったと認定し，被告Y1（国）の責任も認めたが，自殺することまでは予見できなかったとして賠償額は440万円にとどまった。
　その後，控訴審で，アンケートによる調査報告書が出てきて，自殺は

予見可能であったとして，賠償額は約7,331万円となった。

控訴審判決では，「……亡Aは，少なくとも親しかった同僚には，Y2から受けた被害の内容を告げ，そのことに対する嫌悪感を露わにし，自殺の1か月ほど前から自殺を仄めかす発言をしていたのであるから，上司職員らにおいては，遅くとも，C先任海曹にY2の後輩隊員に対する暴行の事実が申告された平成16年10月1日以降，乗員らから事情聴取を行うなどしてY2の行状，後輩隊員が受けている被害の実態等を調査していれば，亡Aが艦内においても元気のない様子を見せ，自殺を決意した平成16年10月26日の夜までに，亡Aが受けた被害の内容と自殺まで考え始めていた亡Aの心身の状況を把握することができたということができる。そして，……亡Aは，同月1日にC先任海曹からY2に対して指導が行われていたことを親しかった同僚等に報告していたことからすると，C先任海曹の指導によりY2の暴行等がなくなることを強く期待していたことが推察されるところ，上司職員において上記調査を行い，その時点でY2に対する適切な指導が行われていれば，亡Aが上記期待を裏切られて失望し自殺を決意するという事態は回避された可能性があるということができる。」と判断されている。

なお，本件は被告Y1（国）に対する国家賠償請求ではあるが，Y2の行為は，公務の執行としての加害行為ではなく，完全に私的な暴行，恐喝での刑事責任も問われているため，Y2の責任も併せて認められている（純粋の国家賠償の事案であれば，個人の賠償責任は問われない）。

### 外井弁護士の視点

Y2が亡Aに対して暴行，恐喝，強要などの様々な違法行為を行ったことに対して，上司はそれを把握していたかが問題となった。一審では，亡Aの自殺後に行ったアンケート調査の結果につき，被告Y1（国）が提出せず，その結果，被告Y1（国）は，自殺までは予見できなかった

ということで賠償額は安価に止まっていた。その後，おそらくは内部通報の結果により控訴審ではそのアンケート調査の結果が提出され，その結果，自殺の予見可能性はありとされて賠償額がはね上がった。最近，国の機関による証拠等の書証の改竄，隠蔽が発覚する事件が相次いでいるが，これでは真実は明らかにならないのであり，本件は，後からでもそのアンケート調査報告書が提出されたということは不幸中の幸いであったと思われる。なお，加害者Ｙ２は，懲戒免職とされ，刑事事件でもＹ２は暴行罪・恐喝罪で起訴されて有罪とされているが当然の措置であろう。

**類型：** ａ身体的な攻撃（暴行・傷害），ｂ精神的な攻撃（脅迫，暴言，強要），ｆ個の侵害（アダルトビデオ購入の要求）

〈キーワード〉
エアガン
アダルトビデオの購入強要

**ポイント**

・被告Ｙ１は国（海上自衛隊），被告Ｙ２は元二等海曹
・原告Ｘ１，Ｘ２は，被害者亡Ａ（一等海士）の両親
・Ｙ２が亡Ａに対して，暴行，恐喝をし，エアガンで撃つ，アダルトビデオを高額で売りつける等により亡Ａは自殺
〈一審判決〉Ｙ１，Ｙ２の責任あり自殺は予見できなかった
　　　賠償額　慰謝料440万円（弁護士費用含む）
〈控訴審判決〉
　　　艦内の隊員らのアンケートによる調査報告書が控訴審で提出される
　　　Ｙ１，Ｙ２（公務執行外の行為の責任）の責任あり

・賠償額　約7,331万円（うち慰謝料は2,220万円）

### 事例21　航空自衛隊 SHOP 事件（静岡地裁浜松支部平成23年7月11日判決（判例時報2123号70頁））

　亡A（三等空曹）は，平成7年4月に航空自衛隊に入隊し，同年10月20日，第2整備課整備班動力器材整備係（本件SHOP）に配属されたが，その業務は，教育訓練に必要な航空機の特殊整備，関連装備品及び支援器材の整備・管理，機能部品の試験装置，試運転台の整備及び管理であった。本件SHOPには，先輩である被告Y2（二等空曹），上司であるSHOP長のB，上司であるCがいた。亡Aは，平成17年11月13日に自宅で縊死を図り死亡した。

　亡Aの自殺の原因としては，平成17年2月〜同年11月まで，先輩Y2の亡Aに対する数多くの暴行や暴言を伴う行きすぎた指導を繰り返し行ったこと，Y2が亡Aに禁酒を命じたこと（具体的には，平成17年5月上旬，亡Aが同年4月の観桜会の最中に飲酒し，飲酒運転をしたことをY2に打ち明けたところ，Y2が立腹して頭を平手でたたき，さらに禁酒の決意を迫った，亡Aがミスをした際には，「死ね」，「辞めろ」，「馬鹿やろう」，「何やってんだ」と暴言を吐いた，暴行は数十回に及んだこと），身分証明書を半強制的に取り上げたり，100枚もの反省文または辞表を作成するように命じたり，亡Aの作成した反省文を後輩で亡Aの指導を受けていた女性自衛官に亡Aの面前で朗読させるという行為に及んだ。そして，Y2の指導が余りに厳しいので，BやCがY2に対して指導方法を改めるように指導をしたが，Y2は改めなかった。

　同年9月頃から亡Aも落ち込んでいる様子を見せ，仕事を辞めたい，死にたい，死ねたらいいとぼやくようになった。

その結果として，亡Aは，遅くとも平成17年秋頃までには適応障害に罹患して，同年11月13日に自殺したものである。

判決は，亡Aの適応障害が自殺行為に及んだ因果関係を認めて，Y2の亡Aに対する行為は不法行為に当たるが，その行為はその職務においてなされた行為であって公権力の行使に当たるY1(国)の公務員がその職務を行うについて，故意または過失によって違法に他人に損害を与えた場合には，Y1(国)が賠償すべきであって，行為者である公務員個人は責任を負わないことから，Y1(国)が責任を負い，Y2の責任は認められなかった。賠償額は約8,015万円であった。

外井弁護士の視点

上司である被告Y2による暴行，暴言等によるパワハラ行為であり，Y2の上司であるB，Cも厳しすぎる指導であることを認識しながら，Y2への行為の是正をしなかったものであって，被告Y1(国)に責任のあることは明白である。特に，反省文を繰り返し書かせたこと，それを後輩の女子隊員の前で朗読させたのは，亡Aにとって屈辱以外の何ものでもなかったであろう。

**類型：a 身体的な攻撃（暴行），b 精神的な攻撃（脅迫・強要・侮辱・ひどい暴言）**

〈キーワード〉
反省文の朗読

まとめ

・被告Y1国（航空自衛隊），被告Y2は先輩（二等空曹）
・原告X1，X2は被害者Aの両親，被害者亡Aは三等空曹（自殺）
・Y2による禁酒命令，亡Aのミスに対して「死ね」，「辞めろ」，「馬鹿

やろう」,「何やってるんだ」と暴言を吐き,暴行は数十回に及ぶ,身分証明書の取り上げ,100枚もの反省文を書かせる,辞表を書くように命じる等
・亡Aは適応障害,自殺
・Y2の行為は不法行為。しかし,国家賠償法により責任無し
・Y1国は責任あり
・賠償額　約8,015万円（うち慰謝料2,600万円）

**事例22** キリンエンジニアリング事件（横浜地裁平成23年12月22日判決,判例時報2144号143頁）

　原告Xは,60歳定年時点での退職金の金額について被告Y社との間で争いがあり,さらに,①Y社内で不当にプロジェクトから外され仕事を与えられなかったこと,②Y社がXを再雇用しなかったこと,再就職を支援しなかったことがパワーハラスメントであると主張したが,判決はいずれも前提となる事実を認めることはできないか,または,パワーハラスメントと評価することはできないものであるとして,Xの請求を棄却した。

　例えば,プロジェクトから外されたということについては,Xは,社内のプロジェクトマネージャーや以前の上司等から,意匠デザイン面では評価できるものの,客先担当者やY社プロジェクトメンバーを無視して独断で行動する面があり,協調性が不足していることからプロジェクトメンバーとすることが拒絶されていたことが認められるとしてXの主張には理由がなくパワハラではないと判断している。

　また,定年後の再雇用の拒否については,Y社は再雇用の基準に従い再雇用の基準を満たさなかったXが再雇用されなかったに過ぎず,Y社

のパワハラではない。さらに，定年退職者の再就職支援についても，Y社は，Xからの要望に応じて「求職活動支援書」を作成し，Y社の費用負担でキャリアコンサルティング会社にXの再就職支援を依頼したことが認められ，再就職の支援を行わなかった事実を認めることができず，これをもってパワハラということはできないと判断した。

### 外井弁護士の視点

プロジェクトチームから外されたこと，定年後再雇用を拒否されたことは，Y社の判断として，それなりの理由が認められたわけであり，取り立ててXに対して悪意でそのような行為を行ったわけではないから，パワハラに該当するものではない。

〈キーワード〉

定年後再雇用の拒否

### まとめ

- 被告Y社は食品・医薬品等の設備に関するプラントエンジニアリング事業会社
- 原告Xは60歳定年で退職，退職金額を争う
- 不当な配転で仕事を与えられなかったこと，再雇用しなかったことがパワハラと主張
- 請求棄却

**事例23** 資格試験教育会社事件（東京地裁平成24年8月21日判決（労働経済判例速報2155号25頁））

> Y1社は，国家試験その他資格試験等の教育その他の業務を目的とする会社であり，原告Xはその講師であり，被告Y2はY1社の副事業部長である。Y2は，受講者であった女性からの手紙に，その女性がXと交際し，男女の関係になって性病をうつされたと記載されていたことから，事情を確認したところ，Xは，講師を辞すると伝え，その後，Xは業務委託講師契約解除通知書を提出した。
>
> Xは，Y2のパワーハラスメントにより辞職を余儀なくされたとして不法行為または債務不履行による損害賠償を請求したものであるが，判決は，Xと受講生であった女性とのトラブルの存在，Xのそれに対する態度，Xの講師としての適性などから，Y2がXを退職させようと考えて少なくとも1時間近くにわたって暗に辞職を促し続けたことは認められるが，Y2の言動は態様において威圧的とまでは認められず，社会的相当性を逸脱するものとはいえない，Y2がXに対して不法に辞職を強要したと認めることはできない，パワハラはないと判断し，Xの請求を棄却した。

### 外井弁護士の視点

Y2のXに対する辞職の強要がパワハラに当たるかという観点から見ると，女性受講者と性的関係を持ち，性病に罹患させたということはY1社の信用としても極めて重大であり，辞職を勧める理由はあること，辞職を違法に強要したものとする具体的な事情も見られないことから，違法ではなくパワハラにも当たらないとの判断をしたのは相当といえる。

〈キーワード〉
辞職の強要

**まとめ**
- 被告Y1社は国家試験，資格試験の教育業者，被告Y2は副事業部長
- 原告Xは講師
- 受講生の女性からXと交際し性病をうつされたという内容の手紙があり，Y2がXに確認したところ，講師を辞することになったが，1時間近くにわたって脅迫されたと主張
- Y2の不法行為の責任なし
- 請求棄却

**事例24** ダイクレ電業事件（東京地裁平成24年11月14日判決（労働判例1069号85頁））

　被告Y1社は，金属製品及び建物の塗装，ケーブル延焼防止工事，内装工事等を業とし，Xはその従業員であり，被告Y2，Aは同僚である。Xは，前日の正午頃に現場を引き上げた経緯について，取締役BとY2から説明を求められて，Aの指示に基づいて現場を引き上げた旨を説明したが，その説明はAから聴取された内容と異なっていたので，AとXが口論となり，AはXの顔面を持っていた図面でたたいたり，顔を叩き，引き倒して腕や足を蹴った。しかし，AとXは友人であり，Aの暴行は手心を加えて，何とかその場を終わらせようと考えた暴行であった。
　ところが，その後，Y2は，その場に倒れていたXに対して，つま先に鉄板が入っている安全靴で，左脇腹から背中付近にかけて思い切り蹴

り上げ、Xが悶絶しているところをさらに背中付近を蹴り上げた。Y2によるその暴行の結果、Xは遅発性脾破裂のため全治2か月の診断を受け、その後Y1社より解雇された。

　Y2の傷害行為は、略式起訴され、Y2は罰金50万円を科された。これは不法行為であり、使用者であるY1社も使用者責任がある。解雇は無効とされたが、本件傷害についてのXに対する賠償金額は約132万円とされた。

### 外井弁護士の視点

　Xが事件の前日の昼頃に現場を引き上げたことを契機に辻褄が合わないとして、友人でもあるAが手心を加えながらXに暴行を加えたところ、Y2が安全靴で2回蹴り上げて全治2か月の重傷を負ったという事案である。パワハラというよりは単純な暴力事件であるといえ、Y2は刑事被告人となり、罰金刑が課されている。

**類型：a身体的な攻撃（暴行・傷害）**

〈キーワード〉
　安全靴での蹴り上げ

### まとめ

- 被告Y1社は金属製品や建物の塗装、内装工事を行う会社
- 被告Y2、訴外Aは同僚
- 原告XはY1社の社員
- 事件前日にXが正午に現場を引き上げたことにつき、Xの説明と同僚訴外Aとの説明が異なっていたことが、暴行の契機
- Y2は安全靴で2回蹴り上げ、Xは遅発性脾破裂のため全治2か月の負傷をし、Y1社から解雇された

・Y2は傷害罪で罰金50万円，不法行為責任
・Y1は使用者責任（民法715）
・賠償額　約132万円（うち慰謝料100万円）

**事例25**　アークレイファクトリー事件（第一審：大津地裁平成24年10月30日判決（労働判例1073号82頁），控訴審：大阪高裁平成25年10月9日判決（労働判例1083号24頁））

　派遣社員Xに対して，派遣先Y社の正社員A，Bらは，本来の業務の外に，ゴミ拾いなどの雑用を命じていた。ほかにも，作業引継ぎの際に，Aから命じられた作業をしていると，Bからそのような作業を止めて別の作業をするよう命じられ，そのことについてAから「命令違反だ。」と叱責された。また，仕事で失敗すると，Aらから「来んでもいいで。」「殺すぞ。」「休んどけ。」，「あほ。」といわれたり，Xが体調不良で休暇をとっていると，パチンコに行っていたのではないか等と休暇を取ったことを咎める発言を受けた。Xが苦情の申立てをしたが，Y社はA，Bに事情聴取をしたものの，事実関係を確認できなかったと回答をした。Xは，もはや，労務の提供を続けられないと判断して，派遣会社を退職した。
　判決は，A，Bらの行為は，いずれも極めて配慮を欠いた言動で，その内容からするとAらの主観はともかく，客観的には反論が困難で，弱い立場にあるXの人格をいたぶる意図を有する言動と推認でき，その程度も部下に対する指導，教育，注意といった視点から，社会通念上，許容される相当な限度を超える違法なものと認められるから，A，Bらによる不法行為があったと認定した。
　その上で，派遣先Y1社について，以下のように述べて使用者責任と

ともに，固有の不法行為責任も認めた（以下，判決文）。

「Y社は，Aらを従業員として使用する者で，Aらによる……不法行為は，Aら及びXが，Y社の業務である本件労務に従事する中で，Y社の支配領域内においてなされたY社の事業と密接な関連を有する行為で，Y社の業務の執行について行われたものであるから，Y社は，使用者責任を負うと認められる。」

「Y社は，派遣労働者であるXを，本件労務に従事させるに当たり，これを指揮監督する立場で，Y社の正社員であるAらに対し，……弱い立場にある者に対する関係において，その立場，関係から生じかねない誤解を受けないよう，安易で，うかつな言動を慎み，その言動に注意するよう指導・教育すべきところ，本件では，Aらに対して本件苦情申出に至るまで，何らの指導，教育をしていなかったことからすると，少なくとも，職場環境維持義務を怠った程度が，社会通念に照らし，相当性を逸脱する程度のもので，その結果，Xは，Aら，Y社の従業員らから，人格権侵害といえる前記で認定した言動等を被ったものと評価できるから，同義務違反に基づく，Y社固有の不法行為責任を認めるのが相当である。」

「また，Y社は，本件苦情申出後，本件申請に至るまでの間，責任者による監視強化以外に，Aらを含むY社の従業員らに対する事情聴取などの調査は行っていなかったこと……から，職場環境に対する苦情に適切かつ迅速に処理すべき義務を尽くしていなかったと推認でき，他に，同義務を尽くしていたと認めるに足る証拠はないことから，同義務違反に基づく，Y社固有の不法行為責任も認めるのが相当である。」

[外井弁護士の視点]

派遣先従業員のいじめ，嫌がらせがあり，Xは苦情の申立てをしたが派遣先Y社にはまともに取り合ってもらえず，結局，派遣元会社を退職

することになったという事案であるが，加害者であるＡ，Ｂに対する責任は問われておらず，Ｙ社のみが被告とされている。

なお，控訴審判決（大阪高裁平成25年10月９日判決，労働判例1083号24頁）が出ており，Ｙ社固有の不法行為責任は認められず，また，従業員Ａ，Ｂの不法行為によるＹ社の使用者責任も慰謝料額33万円（弁護士費用３万円を含む）に減額されている。

**類型：ｂ精神的な攻撃**（侮辱，ひどい暴言），**ｆ個の侵害**（休暇中の行動への干渉）

〈キーワード〉
「来んでもいいで」「殺すぞ」

### まとめ

- 被告Ｙ社は派遣先会社
- 原告Ｘは派遣社員，Ｙ社へ派遣された
- Ｙ社での勤務は，Ｙ社の従業員のＡとＢがＸに対して適当な指示をし，「来んでもいいで」，「殺すぞ」，「休んどけ」，「あほ」と虐めた
- Ｘは苦情申立てをしたが，Ｙ社はいいかげんな調査をして事実は確認できなかったと回答した
- Ｘは派遣元会社を退社
- 従業員Ａ，Ｂの行為は不法行為。Ｙ社は使用者責任（民法715）
- Ｙ社は固有の不法行為責任も有り（控訴審は認めず）
- 賠償額：慰謝料額
    （一審）従業員Ａ，Ｂの不法行為については，Ｙ社は55万円（弁護士費用を含む）
    Ｙ社の固有の不法行為責任は33万円（弁護士費用を含む）
    （控訴審）従業員Ａ，Ｂの不法行為については，Ｙ社は33万円

（弁護士費用を含む）

**事例26** **第一興商事件**（東京地裁平成24年12月25日判決（労働判例1068号5頁））

> 被告Y社は，音響・映像機器の製造・販売，カラオケルーム及び飲食店の経営を行う会社であり，原告Xは平成11年4月にY社に入社した。Xは入社後，管理本部商品購買部，財務部債権管理課，法務課法務室，特販営業部，DSサービス部管理課に異動したが，平成20年8月中旬，突然，視界中心が発光して見えなくなり，テレビやパソコンといった発光体が全て白色で見えなくなるという視覚障害を生じ，平成21年1月7日から1年間の休職となり，平成22年1月6日付で退職となった。Xが主張するには，この視覚障害については，職場の上司等から仕事が与えられず，嫌がらせを受けたり，暴言を浴びせられたりして精神的に追い詰められ視覚障害を発症したものであり，その結果として休職に追い込まれたと主張した。
> 
> これに対して，判決は，詳細に事実を検討した上で，Y社従業員（上司等）から継続的に暴言を浴びせられたり，嫌がらせを受けた旨のXの供述については信用することができず，他に，Xの主張を認めるに足りる的確な証拠は存しないというべきである。したがって，X主張にかかるY社従業員（上司ら）による不法行為の事実は認めることはできない，と判断した。

### 外井弁護士の視点

原告Xの視覚障害の罹患がパワハラの結果であるというXの主張に対して，その主張は信用できないとして請求が棄却されたものである。

パワハラの類型としては嫌がらせを受けたり，暴言を浴びせられたというのであるから，b 精神的な攻撃（ひどい暴言）になるであろうが，その事実は認定されなかった。

〈キーワード〉
視覚障害

***

まとめ

・被告Y社は，音響・映像機器の製造・販売，カラオケルーム・飲食店の経営を行う会社
・原告Xは社員，入社後多くの部署に配属
・Xが視覚障害となり，休職後退職扱い
・職場の上司等から仕事が与えられず，嫌がらせを受ける，暴言を浴びたとの主張は認定されず
・請求棄却

***

事例27 **K化粧品販売事件**（大分地裁平成25年2月20日判決（労働経済判例速報2181号3頁））

化粧品販売会社から出向した先のY1社で，美容部員として勤務していた女性社員Xが販売コンクールで販売目標を達成しなかったため，その後に開催された研修会において，罰ゲームとして，Y1社の従業員Y2，Y3，Y4らに意に反してコスチューム（頭部にウサギの耳形をしたカチューシャを付け上半身に白い襦袢を着用し，その上に紫の長袖の小袖，さらに肩衣を着用し，下半身には黄色の袴を着用するなどした易者のコスチューム）を着用して参加することを強要され，さらに，その

研修会でのスライドが別の研修会で投影されたことで、Xは精神的に参ってしまい、休業を余儀なくされたという事案である。判決は、「Y2～Y4の行為は、本件研修会の出席がXに義務づけられており、その際に、Xの本件コスチュームの着用が予定されていたにもかかわらず、Xの意思を確認することもない状況の中で、職務上の立場に基づき、研修開催日の終日にわたってXに本件コスチュームの着用を求めたものであり、これを前提にすると、たとえ任意であったことを前提としても、Xがその場でこれを拒否することは非常に困難であったというべきで、さらに、別の研修会において、Xの了解なく本件コスチュームを着用したスライドを投影したという事情を伴うものであるから、本件研修会が1日であったこと、Xが本件コスチュームの着用を明示的に拒否していないこと等を考慮しても、目的が正当であったとしても、もはや社会通念上正当な職務行為であるとはいえず、Xに心理的負荷を過度に負わせる行為であると言わざるを得ず、違法性を有し、これを行ったY2らには当該行為によってXの損害が発生することについて、過失があったものであり、Y2らの行為は不法行為に該当するというべき」と判示した。Y1社も使用者責任を負うものと判断された。なお、Xの損害額は20万円であった。

### 外井弁護士の視点

うさぎの耳の形のカチューシャを付けたコスチュームで研修会に参加させられ、その様子が録画されて他の研修の際に投影されたというもので罰ゲームであるが、Xの意思に反したものであればパワハラとしての違法行為となり得る。

**類型：d 過大な要求**（業務上明らかに不要なことや遂行不可能なことの強制）

〈キーワード〉
うさぎの耳の形のカチューシャを付けた易者のコスチューム

**まとめ**

・被告Y1社は化粧員販売会社，被告Y2，Y3，Y4はY1社の社員
・原告Xは美容部員
・販売コンクールの目標を達成しなかった罰ゲームとして，Y2，Y3，Y4らからコスチューム（頭部がうさぎの形）を着用して研修会に参加することを強要され，研修会でのスライドが別の研修会で流された
・Y2，Y3，Y4らの不法行為責任，Y1社の使用者責任（民法715）
・賠償額
　　慰謝料22万円（弁護士費用2万円を含む）

**事例28**　**ザ・ウィンザー・ホテルズインターナショナル事件**（第一審：東京地裁平成24年3月9日判決（労働判例1050号68頁），控訴審：東京高裁平成25年2月27日判決（労働判例1072号5頁））

　本件は飲酒の強要のパワハラ行為を受けたとされる事件であり，アルハラの事件とも評価できる。
　原告Xは，平成20年3月に被告Y1社に雇用され，営業本部セールスプロモーションに所属し，上司は被告Y2であった。
　平成20年5月頃，出張中における仕事上の失敗の件で迷惑を掛けたこともあり，Y2から誘われて飲酒を強要され，Xが少量の酒を飲んだだけでも嘔吐しているにもかかわらず，「酒は吐けば飲めるんだ。」とコップに酒を注いだ。

翌日，前日の酒のために体調が悪いと断っているXに対して，Y2は自動車の運転を強要した。

平成20年7月1日，Y2が直帰せずに一旦は帰社するように指示していたにもかかわらず，Xが直帰したために，同日午後11時前に，「まだ銀座です。うらやましい。僕は一度も入学式や卒業式に出た事はありません。」という内容のメールを送り，さらに午後11時過ぎに，電話で，「私，怒りました。明日，本部長のところへ，私，辞表を出しますで。」と録音を入れた。

平成20年8月15日の深夜，Y2は，夏期休暇中のXに対し，「辞めろ，辞表を出せ，ぶっ殺すぞ，お前。」などと留守電に録音を入れ，Xに対する激しい怒りを露わにした。

Xは，精神疾患を発症し，休職期間満了により平成21年7月13日にY1社を退職した。

判決は，これらのY2の行為につき，違法行為であると判断し，一審判決は金70万円，控訴審判決は金150万円の賠償を認めた。なお，Xが休職となり，退職したことについては，判決は退職が自然に行われていることから賠償を認めなかった。

### 外井弁護士の視点

飲酒強要が高じて，最終的にはXが精神疾患になってしまったという事案であり，休職期間満了退職につき，判決は退職の効力を有効としているが，精神疾患を発症しているということから退職が有効か否かについては微妙な事案ではなかったかと思われる。下戸の者に対して頻繁に飲酒を強要するというのはパワハラといえる。以前に比べると減少したものと思っていたが，未だに存在するのであり，アルハラ（アルコールハラスメント）と言われている。

**類型：b 精神的な攻撃（侮辱，暴言），d 過大な要求（業務上明らかに

第3 パワーハラスメントに関する裁判例の解説 137

不要なことや遂行不可能なことの強制）

〈キーワード〉
飲酒の強要

**まとめ**
- 被告Ｙ１社はホテル業の会社，被告Ｙ２は営業本部の上司
- 原告Ｘは営業本部所属の社員
- Ｙ２による飲酒強要，翌日弱っているＸに自動車運転の強要，Ｘが直帰したことを責めて夜23時に「怒りました。」等の録音を入れる，夏期休暇中に留守電話を入れ，「辞表を出せ」「ぶっ殺すぞ，お前」と留守電に録音する
- Ｘは精神疾患に罹患し，休職後に退職
- Ｙ２の行為は不法行為，Ｙ１社も使用者責任（民法715）
- 賠償額：慰謝料額　一審判決70万円，控訴審判決150万円

**事例29**　**岡山県貨物運送事件**（第一審：仙台地裁平成25年6月25日判決（労働判例1079号49頁），控訴審：仙台高裁平成26年6月27日判決（判例時報2234号53頁））

　亡Ａは，大学卒業後，平成21年4月に運送会社であるＹ１社に入社して宇都宮営業所に配属されたが，勤務時間が長時間労働であり，さらに，営業所の所長である被告Ｙ２によって亡Ａは毎日のように叱責を受け，適応障害となり，入社から6か月後の平成21年10月7日に自殺した。本件自殺の5か月前（入社の約1か月後）から月100時間程度かそれを超える恒常的な長時間にわたる時間外労働を余儀なくされ，本件自

殺の3か月前には，時間外労働時間は月129時間50分にも及んでいたのであり，その業務内容も，空調の効かない屋外において，テレビやエアコン等の家電製品を運搬するというものであり，相当の疲労感を覚える肉体労働を主とするものであった。亡Aの両親（X1，X2）が原告となり，不法行為又は安全配慮義務違反による損害賠償請求訴訟を提起した。

一審（仙台地裁平成25年6月25日判決）は，X1らの請求を一部認めた（X1，X2各自約3,470万円）が，X1ら，Y1ら双方が控訴した。

控訴審でも，Y1社は，次のような2つの義務違反があったとして注意義務違反の不法行為が認められた。

(1) 亡Aの業務量等を適切に調整するための措置

Y1社は，業務日誌の記載内容や，亡Aに対する日常的な資料を通して，このような亡Aの置かれた勤務状況について十分認識し，また，認識し得たと認められるのであるから，新入社員であり，就労環境及び業務に不慣れな亡Aに過度に疲労が蓄積し，心身の健康を損なうことのないよう，ベテランの従業員等により，業務の量を適正に調整するための措置を採るべき義務があったところ，Y1は亡Aには休日出勤を命じないよう配慮し，午後からの出勤日を設けることがあったほかには，このような措置を採ったとは認められないから，この注意義務違反があったというべきである。

(2) 亡Aの肉体的・心理的負荷を考慮して過度に心理的負荷をかけないよう配慮すべき義務

Y2による叱責等は，恒常的な長時間の時間外労働及び肉体労働により肉体的疲労の蓄積していた亡Aに対し，相当頻繁に，他の従業員がいる前であっても大声で怒鳴って一方的に叱責するというものであり，大きなミスがあったときには，「馬鹿」，「馬鹿野郎」，「何でできないんだ」，「そんなこともできないのか」，「帰れ」の厳しい言葉が用いられて

いたこと，亡Aが記載していた業務日誌にもその記載が十分でないと感じられるときには，Y2は，「日記はメモ用紙ではない。書いている内容がまったくわからない」，「内容の意味がわからない，わかるように具体的に書くこと」等と赤字でコメントを付して亡Aに返却していること等が認められ，亡Aの置かれた就労環境を踏まえると，このような指導方法は，新卒社員である亡Aの心理状態，疲労状態，業務量や労働時間による肉体的・心理的負荷も考慮しながら，亡Aに過度の心理的負担をかけないように配慮されたものとは言いがたく，注意義務違反があった，とされた。

賠償額は，第一審判決とほぼ同一額である。

[外井弁護士の視点]

新入社員に対して厳しすぎる叱責が亡Aを適応障害に追いやり，自殺させたというわけであるから，パワハラによる自殺として取り上げられる典型的な事例である。過失相殺や素因減額も為されておらず，責任はひとえにY2とY1社にある。新入社員への配慮があまりにもなさ過ぎた事案であり，やむを得ないであろう。

**類型：b 精神的な攻撃**（名誉毀損，侮辱，ひどい暴言）

〈キーワード〉
「馬鹿野郎」「なんでできないんだ」「帰れ」

[まとめ]

・被告Y1社は運送会社。被告Y2は営業所長
・被災者亡Aは新入社員で入社後6か月後に自殺。原告X1，X2は亡Aの両親
・亡Aは適応障害になり，自殺

- 残業多い。上司Ｙ２の頻繁に，また他の従業員がいる前での厳しい叱責
  「馬鹿」，「馬鹿野郎」，「何でできないんだ。」，「そんなこともできないのか。」「帰れ」等
- Ｙ２の不法行為，Ｙ１社の使用者責任（民法715）
- 賠償額　一審，控訴審とも約6,940万円（うち慰謝料額2,200万円）

**事例30**　**医療法人雄心会事件**（第一審：札幌地裁平成24年８月29日判決（労働判例1086号36頁），控訴審：札幌高裁平成25年11月21日判決（労働判例1086号22頁））

　被告Ｙ法人は，病院の開設所有を目的とする医療法人であり，Ｕ病院を開設していた。亡Ａ（女性）は臨床検査技師として平成21年４月１日からＵ病院の臨床検査課に勤務し，上司はＢ係長で，臨床検査技師であった。同僚の検査技師にはＣ，Ｄがいた。亡Ａは，平成21年10月17日に自殺したが，自殺の１か月前には約96時間の時間外労働をしており，超音波検査担当として心理的負担が大きかった。原告Ｘ１，Ｘ２は亡Ａの両親である。

　第一審判決は，亡Ａの当時の業務等に伴う亡Ａの疲労や心理的負荷等は相当に大きなものであったものの，過度に大きなものであったとまでは断じがたい上，Ｙ１法人に，亡Ａにおいて，亡Ａの心身の健康が損なわれて何らかの精神的疾患を発症するおそれがあることについて，具体的客観的に予見することができなかったとして，原告Ｘ１，Ｘ２らの請求を棄却した。

　控訴審判決は，自殺の１か月前は約96時間の時間外労働に加え，さらに，超音波検査担当による心理的負担が大きく，自殺当日に２時間程遅

刻して，上司であるBからの録音メッセージで「早く起きろ，ばかもの，死ね。」とそれだけでパワーハラスメントと評価できる強度の心理的負荷を受けたことで，うつ病エピソードを発症し，その影響により自殺に至ったものと認められ，亡Aの業務と自殺の間に相当因果関係があると認定した。その上で，Y１法人の予見可能性を認め安全配慮義務違反を認定した。

**外井弁護士の視点**

　賠償金額は，約5,844万円と高額であった。一審判決は亡Aの自殺に関する予見可能性がないとしてX１らの請求を棄却したが，この事案は，自殺当日のBの強度のパワハラといえる発言が直接的な契機になっていると思われ，Y１法人が日常亡Aの疲労度から自殺のおそれがあると予見すべきであったというものとは異なる。急激にうつ病エピソードを発生させ自殺に及んだものという認定であるから，Y１法人の予見可能性も，当日のBの発言が客観的にうつ病と自殺を誘発する程度の衝撃的なものであったか否かで考えるべきである。真面目に長時間勤務して，疲労していた亡Aにとって，上司Bからこのような厳しい発言を受けることは急激なうつ病エピソードを発症させるに足るものと考えられ，Y１法人には予見可能性があるとした控訴審判決が妥当と考える。

**類型：b精神的な攻撃**（侮辱，ひどい暴言）

〈キーワード〉
　「早く起きろ，馬鹿者，死ね」

**まとめ**
・被告Y法人は，病院の開設，経営を目的とする
・亡Aは臨床検査技師で自殺。原告X１，X２らは亡Aの両親

- 自殺直前の1か月は約96時間の時間外労働をしており，超音波検査担当として心理的負担が大
- 自殺当日に2時間遅刻し，上司ら「早く起きろ，ばかもの，死ね。」との録音メッセージがあり
- 一審判決はパワハラの認定をせず。請求棄却
  控訴審判決は，Y法人の安全配慮義務違反
- 賠償額
  約5,844万円（うち慰謝料2,200万円）

**事例31** メイコウアドヴァンス事件（名古屋地裁平成26年1月15日判決（労働判例1096号76頁））

　被告Y1社は金属琺瑯加工業や人材派遣業を営む会社であり，亡AはY1社の工場で，搬入された鉄部品を琺瑯加工する前の脱脂，酸洗い，ニッケル処理，中和・乾燥等前処理業務に従事していたが，亡Aは，設備や機械を損傷する事故をしばしば起こしており，代表取締役被告Y2からも，「てめえ，何やってんだ。」，「どうしてくれるんだ。」，「ばかやろう。」等と汚い言葉で怒鳴りつけ，さらに，亡Aの頭をたたいたり蹴りつけることもあった。

　平成21年1月19日，Y2は，亡Aに対して大腿部後面を左足または左膝で2回蹴るなどの暴行を加え全治2週間を要する両大腿部挫傷の傷害を負わせた。また，同月23日に，Y2は，亡Aに対して退職届を書くように強要し，亡Aは退職届の下書きを作成させたが，そこには損害を賠償するとして額は1,000万円～1億円と書かれ消されていた。亡Aは翌1月24日に警察へ行き，相談したが仕返しが怖いと不安げな顔をしていた。同月26日に亡Aは自殺した。亡Aの妻と子3名が原告となり，Y1

第3　パワーハラスメントに関する裁判例の解説　143

社とＹ２に対して損害賠償請求をした。

　判決は，平成21年１月19日になされたＹ２による暴行と退職強要が被災者に与えた心理的負荷の程度は強度であったと認められる，亡Ａは，警察に相談に行った際，落ち着きがなくびくびくした様子であったこと，警察に相談した後「仕返しが怖い」と不安気な顔をしていたこと，自殺の６時間前には自宅で絨毯に頭をすりつけながら「あーっ！」とうなるなどの行動を取っていたことが認められ，亡Ａは，従前から相当程度心理的ストレスが蓄積していたところに，本件暴行及び本件退職強要を連続して受けたことにより，心理的ストレスが増加し，急性ストレス反応を発症したものと認められるとして，Ｙ２の暴行と亡Ａの自殺には相当因果関係があるとしてＹ２の不法行為を認め，会社法350条によりＹ１社の責任を認めた。賠償額は約5,414万円である。

外井弁護士の視点

　Ｙ２による暴力行為，傷害行為もあるが，設備・機械を壊したということの損害賠償請求と退職強要が亡Ａに対するパワハラ行為としては辛いものであったと思われる。

**類型：a身体的な攻撃**（暴行・傷害），**b精神的な攻撃**（侮辱，ひどい暴言，賠償請求，退職の強要）

〈キーワード〉
設備・機械の損傷の賠償請求と退職強要

まとめ
・被告Ｙ１社は，金属琺瑯加工等の会社
・被告Ｙ２は，Ｙ１社の代表取締役社長
・原告Ｘ１らは，亡Ａの妻と３人の子

- Y2は亡Aに対し，てめえ，何やってんだ どうしてくれるんだ ばかやろうと怒鳴ったり，頭をたたいたり，蹴りつけて両大腿部挫傷の傷害を負わせた
- Y2は，亡Aに退職届を出すように強要，賠償金まで書かせようとした
- 急性ストレス反応，自殺
- Y2の不法行為，Y1社は会社法350条の責任
- 賠償額　約5,414万円（うち慰謝料2,800万円）

**事例32**　**鹿児島県・曽於市事件**（鹿児島地裁平成26年3月12日判決（労働判例1095号29頁））

　亡Aは市立中学校教諭（女性）であり，被告は，Y1市及びY2県である。原告X1，X2は亡Aの両親である。平成8年3月，亡Aは，Y1市立の中学校に臨時的任用教員として赴任し，平成10年4月にY2県に教諭として採用され中学校に赴任し，4年間音楽の授業をしていたが，平成14年4月にE中学に転校を命じられ音楽，家庭科（全学年）の授業を担当していたが，平成16年12月に精神科医師からストレス反応の診断を受け，平成17年3月5日まで病気休暇を取得した。しかるに，校長Bと教頭Cは，亡Aの精神疾患を知りながら平成17年度の教科配分として音楽科，家庭科に加えて，1年生，2年生の国語科の授業を担当させ，さらに平成18年度も同じく引き続き担当させた。さらに，Y1市教育委員会は，校長Bの申請を受けて，また，Y2県教育委員会の決定を受けて，亡Aに，指導力向上特別研修を受けることを命じた。亡Aは平成18年10月2日から教育センターでその特別研修を受講し，亡Aは，D指導官から教員退職を促しているような発言を受け，亡Aは同月28日に

自殺した。原告Ｘ１らは，被告Ｙ１市，Ｙ２県に対して損害賠償請求を起こした。

判決は，Ｂ校長，Ｃ教頭，Ｙ１市教育委員会，Ｙ２県教育委員会，Ｄ指導官らの各行為は，亡Ａの精神疾患を増悪させる可能性の高い行為であるというべきであって，心身は正常で素行が悪い問題教員，指導力不足教員というレッテルを貼って教育センターの措置を決定を下したのは，労働者の健康状態を把握し，健康状態の悪化を防止するというＹ１市，Ｙ２県は信義則上の安全配慮義務に違反するものとし，亡Ａの自殺との間にも相当因果関係があると判断して，Ｙ１市，Ｙ２県に損害賠償義務を命じた。賠償額は，約4,367万円である。

### 外井弁護士の視点

ストレス反応となっていた亡Ａに対して，指導力向上特別研修を受講させ，さらにその中で指導官が退職を促したということから亡Ａが自殺に追い込まれたというものであり，Ｙ１市，Ｙ２県には配慮が足りなかったという以外にはない。公務によってストレス反応になったという事情からすれば，相手を思いやって長期間に及ぶ配慮が必要である。

**類型：ｂ精神的な攻撃（退職の促し）**

〈キーワード〉
　指導力向上特別研修
　教員退職の促し

### ポイント

・被告Ｙ１市，被告Ｙ２県
・原告Ｘ１，Ｘ２は亡Ａの両親
・亡ＡはＹ１市の臨時的任用教員

・ストレス反応，病気休暇取得
・Ｙ１市教育委員会，Ｙ２県教育委員会が亡Ａに指導力向上特別研修実施
・指導官が亡Ａに退職を促す
・研修受講中に自殺
・Ｙ１市，Ｙ２県の安全配慮義務違反
・賠償額　約4,367万円（うち慰謝料2,200万円）

**事例33**　**公立八鹿病院組合ほか事件**（第一審：鳥取地裁米子支部平成26年５月26日判決（労働判例1099号５頁），控訴審：広島高裁松江支部平成27年３月18日判決（労働判例1118号25頁））

　被告Ｙ１公立病院組合の経営するＨ病院の整形外科で勤務していた亡Ａは，平成17年４月に医師免許を取得し，大学医学部付属病院に勤務した後，平成19年10月１日にＨ病院に派遣されてきた。亡ＡのＨ病院での勤務は，宿日直の時間を除き，時間外労働時間は平成19年10月が103時間30分，同年11月が80時間30分，同年12月（勤務日４日）が18時間30分と長時間労働であり，かつ，勤務中に先輩であるＹ２らから握り拳で１回頭をたたかれ，Ｙ２やＹ３から多くの指導や注意を受けたりした。また，11月初旬ないし中旬頃から，必要な指示が一部抜けていたり，看護師から指示を求められたり，Ｙ２からメモを取るように言われたり，ギブス巻きを自らやるように言われたがやっておらず，自宅に帰ると起きられないので病院内で眠り，自宅に帰らずに直接勤務に入るという様子が見られるようになった。また，11月中旬から同月下旬頃は，Ｙ２，Ｙ３や他の医師を避けて，同人らが居ない場所でパソコンで仕事をし，自ら処置できない患者についても同人らに報告や補助を求めずに長時間自ら対処しようとする様子が見られるようになった。そして亡Ａは，平成

19年12月10日に自殺した。亡Aの両親である原告X1らは、Y1組合、Y2、Y3らに対して損害賠償請求訴訟を起こした。

　判決は、H病院の業務が量的にも質的にも過重であった上に、Y2、Y3らの個々の指導や叱責が穏当を欠いていたものと判断した。即ち、「Y2やY3らの個々の指導や叱責は、一応の合理的理由は窺われ、それだけを個別に取り出せば社会通念上許容させる限度を超えるものではなかったともいい得るところであるが、亡Aを「お前」と呼んだり、患者の前で注意を続けるといった、穏当さを欠き、適切とは言い難い言動を多分に含むものであって、これらの継続により、亡Aをして一層萎縮させ、Y2及びY3らに対し質問をすることなどを控えさせる結果を生じ、業務による負荷が増大するような結果を生じていたものと認められる。もとより、指導内容自体の正当性が亡Aの負担を軽減するものではなく、そのようなY2、Y3の行為が完全に正当化されるものでもない。」と判断した。

　そして、Y1組合の適正管理義務違反（債務不履行責任）とY2、Y3の不法行為責任、さらにY1組合の使用者責任（民法715条）を認めた。なお、一審判決は、亡Aが精神疾患の発症までに医師への受診等によりその発症可能性を軽減する行動を自らとっていないこと、むしろ、病院職員らに対して周囲に心配をかけないという人柄の良さから大丈夫である、心配しなくてもよいと応答していたことなどから、損害額を2割減額したが、賠償金額は合計で約8,013万円と巨額であった。

　一方、控訴審判決は、事実認定については概ね一審判決を肯定した上で、Y2、Y3の責任につき、Y1組合が特別地方公共団体（一部事務組合）であり、医師ら職員は地方公務員の身分を有するとして、Y2、Y3の行為は国家賠償法の「公権力の行使」に当たるとした上で、Y2、Y3の個人としての不法行為責任を否定した。その上で、控訴審判決は2割の減額を否定のうえ、賠償額を増額して、X1に約3,082万円、

X2に約6,929万円の支払いを命じた。

> **外井弁護士の視点**

　医師でありプライドも高いと思われる亡Aが，先輩から殴られ，「お前」呼ばわりされたり，患者の前で注意を受けたりしたことがパワハラであり，それによって大きな心理的ショックを受けて，長時間労働と相俟って自殺したものと思われる。

**類型：a身体的な攻撃（暴行・傷害），b精神的な攻撃（名誉毀損，侮辱）**

〈キーワード〉
　にぎり拳での暴行
　「お前」

> **まとめ**
> ・被告Y1公立病院組合，先輩医師Y2，先輩医師Y3
> ・亡Aは3年目の医師で自殺
> ・原告X1，X2は亡Aの両親
> ・長時間労働，Y2とY3の指導叱責が穏当さを欠く
> （一審判決）
> ・Y2，Y3の不法行為責任，Y1組合の使用者責任（民法715）
> ・Y1組合の適正管理義務違反
> （控訴審判決）
> ・Y1組合の国賠法の責任
> ・Y2，Y3の責任なし
> ・賠償額　（一審判決）約8,013万円（うち慰謝料2,500万円）
> 　　　　　（控訴審判決）約1億0,011万円（うち慰謝料2,500万円）

**事例34** 社会福祉法人県民厚生会ほか事件（静岡地裁平成26年7月9日判決（労働判例1105号57頁））

　原告Xは，被告Y1法人の経営している特別養護老人ホームAのデイサービスのセンター長であった。被告Y2は，Y1法人の常務理事であり，Aの施設長であった。Xは，Y2の業務上の指示等で相当の心理的負荷を受けたとして，適応障害になり休職し，休職中にセンター長から法人付けへと降格になり，退職したが，労働基準監督署長に労災補償の請求をしてXの症状が業務起因性を有するものとして療養補償給付の支給決定を受けた。

　判決は，Y2のXに対する業務の指示及び叱責がパワハラで違法な行為であったとの主張に対しては，「Y2は，平成19年6月にデイサービスが開所してから平成22年2月頃までの間，センター長であるXに対し，デイサービス利用者拡大のために作成したチラシの配布を指示したり，管理者会議などにおいて，Xに対し，デイサービス利用者を増加させるための対策を立てるように促したり，Xが看護師1名の募集をチラシに載せることを提案した際にXを叱責するなどをし，また，Xが……物品の購入の許可を求めた際，容易にこれを認めなかったことが認められ」と認定し，XがY2の言動によってセンター長就任約3年後にうつ病を発症し，その原因の主たるものはY2の言動によるものとしながらも，「Y2がXに対してパワハラ行為を行う特段の動機があったものとは考えられない上，Y2のXに対する指示や叱責等は，Xが主張するようにそれが行き過ぎる場合があったとしても，主として，発足したばかりのデイサービスの経営を軌道に乗せ，安定的な経営体制を構築しようという意図に出たものと推認されるのであって，それを超えて，Xに対する私怨等に出たものとは認めるに足り」ないとして，パワハラについてのY1法人，Y2に対する請求を棄却した。しかしながら，Xの適応

障害は，Ａでのセンター長としての業務に内在する危険が現実化したものであると認めるのが相当であるとして，Ｘに対する退職処分を無効と判断し，Ｘに適応障害を発症させたことについてＹ１法人に安全配慮義務違反があったとして慰謝料50万円が認められている。

### 外井弁護士の視点

　特別養護老人ホームのセンター長が，常務理事兼施設長からのパワハラを受けて適応障害またはうつ病に罹患したと主張した事案ではあるが，判決が，その指示や叱責は必要であると認めながらも「行き過ぎる場合があった」と認定していること，及び，業務上災害として労災請求が認められていることからすれば，パワハラとしてＹ１法人，Ｙ２の責任認定すべきではなかったかと思われる。注意すること，叱責することが必要であったとしても，行きすぎは違法になるのであって，この判決は矛盾しているように思われる。

　Ｘの主張するパワハラを分類すれば，ｂ精神的な攻撃であると思われる。

〈キーワード〉
行きすぎの叱責・注意

#### まとめ

・被告Ｙ１法人は特別養護老人ホームを経営，Ｙ２はＹ１法人の常務理事兼施設長
・原告Ｘは施設長
・Ｙ２の厳しい指示
・Ｘは適応障害・うつ病，休職
・Ｙ２，Ｙ１法人にはパラハラについての責任無し

・パワハラについて請求棄却
・Ｘの適応障害は，業務起因性あり
・Ｘの休職期間満了退職は無効
・Ｘの適応障害罹患につきＹ１法人の安全配慮義務違反（賠償額：50万円（慰謝料））

**事例35** サントリーホールディングス事件（第一審：東京地裁平成26年7月31日判決（判例時報2241号95頁，労働判例1107号55頁），控訴審：東京高裁平成27年1月28日判決（労働経済判例速報2284号7頁））

　被告Ｙ１社は飲料水製造販売会社であり，原告Ｘは平成9年4月にＹ１社に入社し，平成18年4月から平成19年6月1日まで企画グループに所属しており，そのグループ長が被告Ｙ２であった。
　この事件は，原告Ｘが上司Ｙ２から，厳しく改善指導を受ける際に，「新入社員以下だ。もう任せられない。」「何で分からない。この馬鹿。」等と言われるなどして精神的に追い詰められたこと（誹謗中傷発言），Ｘが精神科の医師に診断してもらい診断書を上司に提出して休職を申し込んだところ，3か月の休養は有給休暇を消化して欲しい，3か月の休暇を取るのであれば隣の部署への異動は白紙に戻さざるを得ないと回答したこと（診断書の棚上げ）等を理由にパワーハラスメントであり，安全配慮義務違反があったと主張した。また，Ｘは内部通報窓口であるＹ１社のコンプライアンス室の室長Ｙ３にも通報したが，Ｙ３は公正な事情聴取をしなかったとしてこれも違法であると主張した。
　一審判決は，一部を除いてＸの主張を認め，Ｙ１社，Ｙ２の責任を認めた。ただし，1年以上休業を余儀なくされ，復職後も通院を継続し，精神保健及び精神障害者福祉に関する法律に基づく精神障害2級の認定

を受けたのであるが，一審判決は長期の治療が必要だったのはＸの素因が原因であるとして４割を減額し，さらに，うつの障害が残り，障害基礎年金，障害厚生年金が支給されているので，相当に減額されたが，結局，慰謝料分（認定は450万円）の４割控除後の270万円と弁護士費用27万円（合計297万円）が賠償額として認定された。Ｙ３について，適切な調査を行ったものとされ，その責任は無いと判断された。

　控訴審判決では，事実認定は同様であるが，「部下に対する業務に関する叱責の行き過ぎや，精神的不調を訴える部下への対応が不適切であったというものにとどまり，悪質性が高いとはいえず，Ｘがうつ病を発症し，精神的不調が続いていることについては，Ｘの素因が寄与している面が大きいこと，Ｘが復職した後，時間外勤務や所外勤務を行うなど勤務状況は順調であり，精神状態が一定程度回復した状況が窺われること等」を考慮して，Ｙ１社，Ｙ２の責任を認め，精神的損害を150万円に減額し，素因減額をせず，賠償額を150万円と弁護士費用15万円（合計165万円）とした。Ｙ３の責任は認めなかった。

### 外井弁護士の視点

　上司Ｙ２から叱責行為がパワハラとされたが，新入社員以下という表現は，経験のある社員Ｘにとってはかなりショッキングな叱責表現であり，上司としては，十分気をつけなければならない。内部通報窓口の室長Ｙ３の責任を認めなかったのは当然である。

**類型**：ｂ精神的な攻撃（名誉毀損，侮辱），ｆ個の侵害（休暇取得のための診断書の棚上げ）

第3　パワーハラスメントに関する裁判例の解説　153

〈キーワード〉
「新入社員以下だ。もう任せられない」
診断書の棚上げ

```
まとめ
・被告Y1社は飲料水製造販売会社，被告Y2は上司（グループ長），
　被告Y3はコンプライアンス室長
・原告Xは企画グループ所属の社員
・Y2による誹謗中傷発言，休職申込みの棚上げ
・XによるY3への通報
・Xのうつ病罹患，精神障害2級
・Y2の不法行為責任，Y1社の使用者責任（民法715），Y3の責任無し
・賠償額　（慰謝料と弁護士費用）
　　一審約297万円（弁護士費用27万円を含む），控訴審165万円（弁
　護士費用15万円を含む）
```

**事例36**　**N社事件**（東京地裁平成26年8月13日判決（労働経済判例速報2237号24頁））

　被告N社は，人材派遣業を行う会社であり，原告Xは，インターネット上の大手求人募集サイトでN社の求人募集を見つけこれに応募し，N社担当者との面接を経て，「コピー・製本業務」を仕事内容とするものでNセンターで勤務することとなったが，労働契約書では職務内容は「デザイン業務」となっていた。Xは，Nセンターに赴いたが，デザイン業務には従事しなくてよいと言われ，コピー・製本業務に回されるこ

とになった。その後、N社の担当者から、「自分にスキル確認のミスがあった。今後は印刷物の出力業務をしてください。デザイン業務については、新しく人を募集する。」と言われた。さらに、N社の担当Cから、コピー・製本業務を教わり、こなしていたが、「あなたの受入れ先は何処にもない。9月20日付で更新はしない。何時辞めてもらってもよい。」と言われた。また、N社の従業員Eから、「Xさんってオツムの弱い人かと思ったよ。」とか、新しい仕事で要領がつかめずにまごまごしていると、「ロボットみたいな動きをしているでぎくしゃくしている。」とか、「指示されたこと以外はするな。」と言われる一方で、「いい加減に人に頼らないで仕事覚えてよ。」と言われて混乱した。

　判決は、次のように述べてパワハラの存在を認めることはできないと判示した。

　「そもそもパワハラについては、一応の定義づけがなされ、行為の類型化が図られているものの、極めて抽象的な概念であり、これが不法行為を構成するためには、質的にも量的にも一定の違法性を具備していることが必要である。具体的にはパワハラを行ったとされた者の人間関係、当該行為の動機・目的、時間・場所、態様等を総合考慮の上、企業組織もしくは職務上の指揮命令関係にある上司等が、職務を遂行する過程において、部下に対して、職務上の地位・権限を逸脱・濫用し、社会通念に照らし客観的な見地からみて、通常人が許容し得る範囲を著しく超えるような有形・無形の圧力を加える行為をしたと評価される場合に限り、被害者の人格権を侵害するものとして民法709条の所定の不法行為を構成するものと解するのが相当である。」

　「Xの主張するところをもって、民法上の不法行為が成立しうるものといえるのか疑問であるし、真意の点はおくとしても、CやEは、Xに対してXの主張するような言動をとったことはないと否定しており、Xの供述以外に、Xの主張を裏付ける客観的な証拠もない。」

### 外井弁護士の視点

元々，募集採用時の業務内容である「コピー・製本業務」と，労働契約書上の業務である「デザイン業務」との間に齟齬があったと思われ，N社の担当者らの行為はXにとって無責任であるといえる。結局，まともに仕事を与えられず極めて不親切な対応であり，無責任とは言えるとしても，パワハラとして違法とするような態様ではないと思われる。また，パワハラについては，一応の定義づけがなされ，行為の類型化が図られてはいるものの，極めて「抽象的な概念」と述べられており，今回法制化されたものの，未だにこの指摘は当たっているものといえる。

Xの主張するパワハラの類型としては，c 人間関係からの切り離し（仲間外し，無視）に該当することになる。

〈キーワード〉
あなたの受入れ先はどこにもない

#### ポイント

- 被告N社は人材派遣業会社
- Xは，N社に採用された時点で，募集採用時の「コピー・製本業務」と労働契約書上の「デザイン業務」との間に齟齬があり，その後もまともに仕事を与えられなかった
- N社の従業員らから，「デザイン業務は他の者を募集する」，「受け入れ先はどこにもない，契約の更新はしない，何時止めてもらってもよい，ロボットみたいなぎくしゃくした動きをしている，指示されたこと以外はするな，いい加減に人に頼らないで仕事覚えてよ」と言われ，また，仕事を与えられず，統一性のない指示をされる
- Xの供述以外にパワハラ根拠無し
- N社の責任なし

**事例37** サン・チャレンジ事件（東京地裁平成26年11月4日判決（労働判例1109号34頁））

　被告Y1社は，飲食店「ステークハウスくいしんぼ」を経営している会社であり，亡Aは，平成19年5月にアルバイトとして入社し，同年8月に正社員になり，平成20年2月頃にくいしんぼC店に異動となり，平成21年4月にD店に異動し，7月頃に店長となった。上司であるY2は，亡AがC店に異動したときの店長であり，C店の店長時のエリアマネージャーであった。

　Y2は，遅くとも平成20年2月頃には亡Aがミスをすると「馬鹿だな」，「使えねえな」，と発言し，尻，頭，頬をたたくなどの暴行をしていた。また，亡AがD店の勤務していた時期に亡Aの頭をシャモジで殴った。Y1社本部で行われる朝礼時に亡Aが指名されて雑誌の感想を述べる際に感想が言えないのをみて，Y2は「馬鹿野郎，早く言えよ」と怒鳴り，亡Aをたたいた。Y2は，亡Aが数回にわたり発注ミスや仕込みをしていない事を理由に休日に亡Aを呼び出し数時間仕事をさせた。Y2は，遅刻した亡Aに対し，次から遅刻したら5,000円または1万円貰うぞと述べた。Y2は，Y2が店長をしていたときの客からガムが付いたとクレームがあったのに関係のない亡Aにクリーニング代を支払わせた。Y2は，亡Aがアルバイトをしていた女性店員と交際しているのを知り，別れた方がよいと話をし，亡Aが携帯電話を変える際にはその女性には携帯番号を伝えない方がよいと進言し，後に，亡Aが携帯電話の番号をその女性に教えたことが発覚すると，亡Aに対して嘘をついたと暴行を加えた。Y2は，平成21年7月15日にC店の事務室で亡Aの服にライターの火を近づけたり遠ざけたりし，亡Aがそのような行為を止めるように懇願したが，そうしたところY2はその服を歯でかみちぎるような動作をした。亡Aは平成22年11月7日に自殺した。

さらに，亡Aの勤務実態であるが，平成20年2月頃から自殺する平成22年11月まで恒常的に1日当たり，12時間30分以上の長時間労働であり休日も殆ど無かった。

　判決は，Y2の行為について，「社会通念上相当と認められる限度を明らかに超える暴言，暴行，嫌がらせ，労働時間以外での拘束，亡Aのプライベートに対する干渉，業務とは関係ない命令等のパワハラを行っていたというべき」とし，Y1社及びY1社の取締役Y3も安全配慮義務を遵守する体制を整えるべき義務があるのにそれを怠った責任があり，Y1社も会社法429条1項の責任があると判断して，Y1社，Y2，Y3の賠償責任を認めた。賠償金額は約5,795万円であった。

|外井弁護士の視点|

　数々の暴力的なパワハラを行っており，また，その程度も悪質である。亡Aが自殺をするのも無理からぬところがあり，Y1社，Y2の責任は当然である。

**類型：** a 身体的な攻撃（暴行・傷害），b 精神的な攻撃（侮辱，ひどい暴言），f 個の侵害（彼女に電話番号を教えないことの指示）

〈キーワード〉
　たたく，殴る
　ライターの火を近づけたり遠ざける

**まとめ**
- 被告Y1社はチェーンの飲食店を経営している。被告Y2は上司，エリアマネージャー，被告Y3はY1社の取締役
- 原告X1，X2は亡Aの両親
- 亡Aは社員で，自殺

- 1日当たり12時間30分以上の長時間労働，休日無し
- Y2が「馬鹿だな，使えねえな」と発言，尻，頭，頬をたたく，頭をしゃもじで殴る，休日に突然呼び出す，女性店員と交際したのが発覚し別れた方が良いとか携帯電話の番号を教えるなと強要，服にライターの火を近づけたり遠ざける
- 亡Aは自殺
- Y2は不法行為
- Y3は安全配慮義務を遵守できる体制を整える義務を怠った不法行為責任
- Y1社は会社法429条1項の責任
- 賠償額　約5,795万円（うち慰謝料2,600万円）

## 事例38　暁産業事件（福井地裁平成26年11月28日判決（労働判例1110号34頁））

　Y1社は，消火器販売・消防設備設計施工，保守点検を行う会社であり，亡Aは平成22年2月からアルバイト勤務，4月から正社員として勤務したが，リーダーである上司Y2の厳しい指導によりうつ病となり，同年12月に自殺した。その両親が原告となってY1社とY2に対して損害賠償請求をした。

　亡Aは仕事の覚えが悪いことから，Bは自分が注意した事は必ず手帳に書いてノートに書き写すように指導していたが，亡Aに仕事上の失敗が多く，いらだちを覚えるようになり厳しく指導した。具体的には，「学ぶ気持があるのか，何時までも新人気分」，「詐欺と同じ。3万円泥棒したのと同じ」，「毎日同じ事を言う身にもなれ」，「わがまま」，「申し訳ないと言う気持があれば変わっているはず」，「待っていた時間が無駄にな

第 3　パワーハラスメントに関する裁判例の解説　　159

った」,「聞き違いが多すぎる」,「耳が遠いんじゃないか」,「嘘をつくような奴に点検を任せられるわけがない」,「点検もしていないのに自分をよく見せようとしている」,「人の話を聞かずに行動,動くのがのろい」,「相手にするだけ時間の無駄」,「指示が全く聞けない,そんなこと直さないで信用できるか」「何で自分が怒られているのかすらわかっていない」「反省しているふりをしているだけ」,「嘘を吐いたのに悪気もない」,「根本的に心を入れ替えれば」「会社辞めた方が皆のためになるんじゃないか,やめてもどうせ再就職はできないだろ,自分を変えるつもりがないならば家でケーキでも作れば,店でも出せば,どうせ働きたくないんだろう」,「何時までも甘甘,学生気分はさっさと捨てろ」,「死んでしまえばいい」,「辞めればいい」,「今日使った無駄な時間を返してくれ」等と発言していた。

　判決は,これらの言葉は,仕事上のミスに対する叱責の域を超えて,亡Aの人格を否定し,威圧するものである,これらの言葉が経験豊かな上司から入社後1年にも満たない社員に対してなされたことを考えると,典型的なパワーハラスメントを言わざるを得ず,不法行為に当たるとして,Y2の不法行為責任を認め,Y1社の使用者責任も認めた。また,これらの行為との亡Aの自殺との因果関係も認め,賠償額は計約7,261万円と高額であった。

### 外井弁護士の視点

　新人に対して上司Y2が厳しすぎる指導をしてきたため,うつ病になり自殺したものであり,指導とはいえ,厳しすぎれば,人格否定となり,違法なパワハラとなることを判示した。

**類型：b精神的な攻撃**（名誉毀損,侮辱,ひどい暴言）

〈キーワード〉
指示が全く聞けない
反省しているふりしているだけ

**まとめ**

・被告Y1社は消火器販売，消防設備設計施工，保守点検を行う会社，被告Y2は上司
・被災者亡Aは社員
・原告X1，X2は亡Aの両親
・Y2の過度の発言は叱責の域を超え，人格否定するもの
・亡Aはうつ病，自殺
・Y2の不法行為責任，Y1社の使用者責任（民法715）
・賠償額　約7,261万円（うち慰謝料2,300万円）

## 事例39　東京MKタクシー事件（東京地裁平成26年12月10日判決（判例時報2250号44頁））

　原告X1～X6は，タクシー会社である被告Y1社の運転手であり，平成22年，23年頃にY1社の代表取締役社長であった被告Y2からパワーハラスメントを受けたとして不法行為に基づく損害賠償請求をした事件である。Y1社においては，事故を起こした運転手らに対して安全運転のための指導として「運転チェック」というシステムが採用されており，安全運転のための指導が行われていたが，その際，Y2による運転チェックも実施されていた。そのY2による運転チェックでは，X1らが実際にY2を乗せて自動車を運転するのであるが，Y2は，「キチガ

イ」,「あほ」,「脳みそ狂っとんちゃうか」,「辞めろ」等の暴言を吐き,さらに運転席の背後をけりつける等の暴行を行ったが,これらがパワハラとして違法な行為と認められた。

　X１らは,Y２よる不法行為（民法709),Y１には使用者責任（民法715)により損害賠償請求訴訟を提起したが,判決は６人の被害者に対するY１社と代表取締役Y２の責任を認めた。ただし,賠償額は１名につき,慰謝料30万円であった。

### 外井弁護士の視点

　事故を起こした運転手に対して社長Y２自ら,同乗して運転チェックを行い,暴言を浴びせて運転席の背後を蹴りつけるという行為であり,チェックされる運転手にとっては相当にストレスのかかる行動であり,パワハラと言える。慰謝料額は各30万円という低額であった。なお,Y２は代表取締役社長であり,Y２の不法行為につきY１社が使用者責任（民法715①）を負うという論理構成には疑問があるが,同条２項の代理監督者として認定されたものであろう。

**類型**：a 身体的な攻撃（運転席の背後からのけりつけ）, b 精神的な攻撃（侮辱,暴言）

〈キーワード〉
　脳みそ狂っとんちゃうか

### まとめ

- 被告Y１社はタクシー会社, Y２は代表取締役社長
- 原告X１〜X６はタクシー運転手
- 運転チェックシステム
  　Y２を乗せて運転する方法

　　　　Ｙ２はＸ１～Ｘ６らに罵声を浴びせ，暴行を加える
・Ｙ２の不法行為責任，Ｙ１社の使用者責任（民法715②）
・賠償額：慰謝料
　　　Ｘ１～Ｘ６：各33万円（弁護士費用３万円含む）（計198万円）

### 事例40　クレイン農協ほか事件（甲府地裁平成27年１月13日判決（労働判例1129号67頁））

　被告Ｙ１農協は主として共済事業，信用事業，購買・販売などを行っている農業協同組合であり，被告Ｙ２はＭ支店の支店長であった。原告亡Ａは農協の職員であったが，業務の遂行の要領が悪く，Ｙ１農協では，共済，貯金等の契約獲得の業務成績が悪かった。亡Ａに課されたノルマは他の職員の３分の１から４分の１程度であったが，それでもノルマの達成は芳しくなく，平成21年11月の時点で既に毎月５万円を超える保険料または掛金の支払いを強いられ，平成22年度も２か月で４％程度しかノルマが達成できない状況であった。Ｙ２は，亡Ａに対して次の①～⑤のような行為を行っていた。

①　ノルマが達成できない場合に月２，３回程叱責し，必要以上に大きな声を出す。

②　平成22年２月10日に，亡Ａが，進発式にＹ２を車で送り迎えする際に，亡Ａが待ち合わせ場所に遅れて現れたときに，立腹して，顔を３回殴り，腹を10回蹴るという暴行を行い，亡Ａに左眼に眼球打撲，眼瞼皮下出血の傷害を負わせた。

③　平成22年３月頃，亡Ａがお客にすぐ配達に行くと言いながら，先に自動車のタイヤ交換をしていたことで，仕事の優先順位が違うと叱責して，手に持っていたクリアファイルで亡Ａを叩いた。

④ 亡Aが他の職員に対して，死にたい等と発言していたことを知りながら，笑いながら自殺するなよと発言した。
⑤ 亡Aが仕事の手際が悪く，代金の支払い前に商品を供給したり，売掛金や共済金の回収を怠ったりすることが非常に多かったことから，亡Aに対して給料を返してもらわなければならないと発言した。

亡Aは平成22年3月25日に自宅を出たまま出勤せず，自動車で各地を転々として宮崎県の山中で首つり自殺をした。なお，平成23年5月には，亡Aの自殺の業務起因性が認められ，X1に遺族補償年金と葬祭料が支給されている。

判決は，Y2の行為のうち，①，②，④，⑤をパワーハラスメントと認めた上，亡Aの自殺との因果関係を認め，また，Y2が亡Aに対して自殺するなよと発言していたことから自殺についての予見可能性があったと認定した。その上で，亡Aは，Y1農協における勤務経験は短いものの，他の職も経験しており，何らかの健康上の問題があれば，亡Aからの申出や相談があることも期待できる状況であるといえ，Y1農協，Y2らとして，亡Aの健康状態の悪化に気付きにくかったことは否定できないこと，労働者は，一般の社会人として，自己の健康の維持に配慮すべきことが期待されていること，亡Aは，昼食を抜くなどしており，休息の時間を適切に確保して自己の健康の維持に配慮すべき義務を怠った面があること，さらに，亡Aには，消防団への参加を強制されることも一つの悩みであったことも窺えたこと等を考慮して，損害額を3割減じることとするとした。賠償金額は約3,487万円であった。

### 外井弁護士の視点

ノルマの達成ができないことや仕事ができなかったことで，Y2支店長が，肉体的にも精神的にも激しい内容のパワハラを行ったのであり，しかも，亡Aを自殺に追い込んだY2の責任は極めて重い。

類型：a 身体的な攻撃（暴行・傷害），b 精神的な攻撃（名誉毀損，侮辱，ひどい暴言）

〈キーワード〉
ノルマ達成義務
顔を殴る，腹を蹴る

**まとめ**

- 被告Y1農業協同組合，Y2は支店長
- 原告X1，X2は，亡Aの両親
- 亡Aは自殺
- Y2による，大声での叱責，顔面3回殴り腹を10回蹴り（傷害），クリアファイルで叩く，金の回収が悪いので給料を返してもらわなければならないと発言
- Y2の不法行為，Y1の使用者責任（民法715）
- 賠償額　約3,487万円（3割減）（うち慰謝料額は1,400万円（3割減額））

**事例41**　**国家公務員共済組合連合会（C病院）ほか事件**（福岡地裁小倉支部平成27年2月25日判決（労働判例1134号87頁））

　被告Y1連合会は，平成24年4月1日，Xと労働契約を締結した。XはY1連合会の運営するC病院に常勤的非常勤職員として勤務したが，看護師長Y2から次の(1)～(4)の行為を受けた。
(1)　Xは，子供がインフルエンザに罹患し，自身も体調が悪かったために早退したい旨をY2に申し出たが，Y2は前任の師長からの引き継

ぎで，子のことで休まないということを約束していたものと認識し，Xに対して，「受診してもいいけどしない方がいいんじゃない。Xさんももう休めないよ。」，「受診してもいいけど，インフルにかかっているとは言わない方がいい。インフルエンザの検査もしないで。」と発言した。

(2) Xは，子供が熱を出し，嘔吐，下痢のため迎えに来て欲しいと保育園から連絡があり，夫も母も都合が付かなかったため，Y2に早退を申し出て早退した。このとき，Y2はXに対し，「子供のことで一切職場に迷惑をかけないと部長に頼んだんじゃないの。年休あるから使ってもいいけど。私は上にも何も隠さずありのままを話すから。今度あなたとは面談する。」等と発言した。

(3) 定例の面談において，「Aさん，Bさん（いずれも看護師）とつるむな。」，「一緒にいるとあなたが駄目になる。」，「私が上にXは無理ですって言ったらいつでも首にできるんだからな。」と発言した。

(4) C病院において，退院した患者に同姓の別の患者の薬を取り違えて渡すという過誤が発生したが，その過誤は，日勤担当看護師が退院患者の薬を準備し（その段階で取り違えが生じていた），その旨を同日の夜勤担当のXに引き継ぎ，X及び翌日の日勤担当看護師が薬剤の確認を怠ったために発生したものであった。Y2は，その過誤の事実経過を聴取する際，他の看護師もいるナースステーションでXに対して厳しく叱責した。また，Y2は，その過誤に関与した看護師に対して当日の出来事を時系列に書いて提出するように指示したが，Xに対しては，反省文を書くように求めた。

その後，Xは心療内科を受診し，適応障害のために自宅療養を要するとの診断を受け，病気休業をしてその後退職した。

判決は，これらのY2の行為について，「いずれも客観的には部下という弱い立場にあるXを過度に威圧する言動と評価すべきであって，Y

Y1連合会の病棟の看護師長として，Xを含む病棟に勤務する複数の看護師を指導監督する立場にある者の言動として，社会通念上許容される相当な限度を超えて，配下にある者に過重な心理的負担を与える違法なものと認められ，不法行為に該当するというべきである。」とし，Y1連合会も使用者責任を負うものとした。賠償額は，適応障害と診断を受け病気休業に至った休業損害約61万円，治療費及び交通費約18万円，慰謝料30万円，弁護士費用10万円で合計約120万円とした。

### 外井弁護士の視点

子どもの病気等でXが休まざるを得ないにもかかわらず，看護師長であるY2がそれを妨害するような言動を繰り返している。しかもY2は女性であり，Xの立場は重々知っているはずなのにこのような対応をすることは当然パワハラに該当する。他の看護師に迷惑がかかるかもしれないということは理解できるが，女性管理職からのパワハラであることは極めて残念である。

**類型：b精神的な攻撃（脅迫，侮辱，暴言）**

〈キーワード〉
子どものことで一切迷惑をかけないと約束した

### まとめ

- 被告Y1共済組合連合会，被告Y2は看護師長
- 原告Xは病院非常勤看護師
- Y2が，Xが体調が悪いのに早退を妨げるような発言，子供の看病のために早退を申し出た際の早退を妨げる発言，Xを退職させることができる旨の発言，責任が希薄なのに反省文の提出を要求
- Xは適応障害に罹患

・Y2は不法行為責任，Y1連合会は使用者責任（民法715）
・賠償額
　　休業損害約61万円，治療費等約18万円，慰謝料30万円，
　　弁護士費用10万円，総額約120万円

事例42　**M社事件**（東京地裁平成27年8月7日判決（労働経済判例速報2263号3頁））

　M社は，パワハラを行った幹部職員Xに対して降格処分を行ったが，Xはこれを不服として無効確認訴訟を提起した。その前提として，M社は，パワハラについての指導や啓発を行い，経営方針としてパワハラのない職場作りを明確にしていたことが掲げられる。
　判決は，「Xの一連の行動は，一般仲介事業グループ担当役員補佐の地位に基づいて，部下である数多くの管理職，従業員に対して，長期間にわたり継続的に行ったパワハラである。Xは，成果の上がらない従業員に対して，適切な教育指導を施すのではなく，単にその結果を以て従業員らの能力等を否定し，それどころか，退職を強要しこれを執拗に迫ったものであって，極めて悪質である。」，「M社は，パワハラについての指導啓発を継続して行い，パワハラのない職場作りがY社の経営上の指針であることも明確にしていたところ，Xは幹部としての地位，職責を忘れ，かえって，相反する言動を取り続けたものであるから，降格処分を受けることは当然のことである。」と述べ，Xに対してパワハラを理由とする降格処分を有効と判断した。

外井弁護士の視点

　パワハラを常時行ってきた幹部職員を降格処分にしたという事案であ

る。長期間にわたり継続的に行われていたパワハラという認定であるから，懲戒処分は当然であるが，その程度については慎重に検討しなければならない。M社は，パワハラのない職場作りを経営上の指針としていたというのであるから，真っ向からそれに反する行動であった以上，降格処分は重いが，やむを得ないであろう。

**類型：b 精神的な攻撃**（能力の否定，退職強要）

〈キーワード〉
　長期間・継続的なパワハラ
　パワハラのない職場作り

まとめ
・被告M社
・原告Xはグループ役員補佐
・Xが行った多くのパワハラ行為に対する降格処分
・M社の経営方針に反する行為
・降格の懲戒処分は有効

**事例43**　**住吉神社事件**（福岡地裁平成27年11月11日判決（判例時報2312号114頁））

　原告Xは，被告Y1神社の神職（権禰宜）であったが，Y1神社の宮司であった被告Y2からパワハラを受けて，さらに解雇されたと主張した。それで，Xは，Y1神社とY2に対する不法行為に基づく損害賠償請求とY1神社に対する使用者責任（宗教法人法11条1項）を，Y1神社に対して解職を無効とする地位の確認，残業代請求，付加金等の支払

いを請求した。

　なお，本件のXは神職であることから労働者性が認められるか否かという問題があり，労働省労働基準局長昭和27年2月5日付「宗教法人又は宗教団体の事業又は事務所に対する労働基準法の適用について」という通達は，「宗教上の儀式，布教等に従事する者，教師，僧職等で修行中の者，信者であって何等の給与を受けず奉仕する者等は労働基準法の労働者ではない。」と述べている。以上よりすれば，Xは，Y1神社の指揮命令の下，Y1神社に対して労務を提供し，Y1神社はXに当該労務提供の対価として賃金を毎月支払っていたことになるから，Xは，労基法及び労働契約法上の労働者に当たるというべきであると判断した。

　その上で判決は，宮司Y2によるパワハラ行為について，宮司であるY2は，神職であったXに対し，2回にわたり坊主頭にさせたほか，平成25年6月から8月までの間に，Xを指導するに当たり，Xに対して多数回の暴力を加え，机を叩き，胸ぐらを掴んだりしながら，「ぶん殴りたい。」，「お前根性焼きしようか。」等の害悪を告知する脅迫行為にも及び，「給料泥棒」，「腐ったみかん」等と，Xの人間性を否定するような暴言を浴びせた。

　確かに，Xは，かねてからY2から神職として職務遂行について繰り返し指導を受けていたが，Xには衣服の乱れ，書簡作成及び笛の演奏の過誤等が見受けられたから，Y2がXをある程度厳しく指導するのもやむを得ないとはいえ，髪型を坊主頭にさせることや暴行及び脅迫等は，指導方法として許容し得る範囲を著しく逸脱しているから，Xの権利を違法に侵害するものと評価でき，Xに対する不法行為が成立するというべきである。したがって，Y2は，Xに対し，民法709条に基づき違法行為によって生じた損害を賠償する責任を負うとした。

　次に，Y1神社の責任については，Y2は，Y1神社の代表役員であり，Y2によるXに対する暴行及び暴言等の不法行為は，Y1神社の職

務を行うにつきされたものであると認められるから，Y1神社は，Xに対し，宗教法人法11条1項に基づき，Y2がXに加えた損害を賠償する責任を負い，慰謝料は金100万円，弁護士費用は10万円とされた。

なお，Xに対してY1が行った解職については無効であるとの判断がなされている。

外井弁護士の視点

宮司Y2が神職X（権禰宜）に対して身体的にも，また，精神的にも攻撃を加えており，宗教上の組織の中でも，使用者と労働者の関係は成り立ち得るのであって，パワハラは成立する。

類型：a身体的な攻撃（暴行・傷害，坊主頭），b精神的な攻撃（脅迫，侮辱，ひどい暴言）

〈キーワード〉
 坊主頭
 「ぶん殴りたい」
 「根性焼きしようか」

まとめ

・被告Y1宗教法人，被告Y2はY1法人の神社の宮司
・原告Xは神職（権禰宜）
・Y2は，2回にわたって坊主頭にさせた，指導するに当たって多数回暴力を振るった，胸ぐらをつんで「ぶん殴りたい」，「根性焼きしようか」，「給料泥棒」，「腐ったみかん」等の暴言
・Y2の不法行為責任，Y1宗教法人の使用者責任（宗教法人法11①）
・Y1法人の行ったXへの解職は無効
・賠償額

慰謝料100万円，弁護士費用10万円

**事例44** さいたま市（環境局職員）事件（第一審：さいたま地裁平成27年11月18日判決（労働判例1138号30頁），控訴審：東京高裁平成29年10月26日判決（労働判例1172号26頁））

　Y市の職員として勤務した亡Aが心因反応になり，90日の休職を2回繰り返した。その後，症状が改善して環境局施設部Mセンターに配属されたところ，同じセンターの隣の席に，業務主任の先輩Bがおり亡Aの教育係であり，上司としてはC係長とDセンター長がいた。Bは，亡Aに対して怒鳴りつけたり，暴力を振うこともあり，亡Aは，そのことを上司Cに訴え，Dにも伝わり，協議をしたこともあったものの，Y市は，抜本的な対応策を採るには至らなかった。

　平成23年10月には亡Aの精神状態は悪化傾向となり，医師も危険と判断して休職を指示した。平成23年12月15日に，医師の診断書を受けたDは，亡Aに休んで療養するように指示をしたが，亡Aは自宅にいてもすることがなく首を吊って自殺することばかり考えてしまうので診断書を取り消して欲しいとDに訴え，Dは，一旦は，亡Aに対し，父（X1）とよく話をして，休むようにして説得して帰宅させたが，結局，翌日，亡Aがセンターに来て診断書を撤回させて欲しいと懇願するので，Dは診断書を撤回して勤務することを認めた。同年12月17日に亡Aは体調が悪く欠勤し，その後同年12月19日以降は出勤したが，同年12月21日に，亡Aと父（X1）は病院に行き，医師から休まなければならないと言われ，そのままDと面会し，同年12月22日より病気休暇をとって療養することになり，帰宅した。

　ところが，亡Aは，市側から診断書の日付の変更を求める連絡を受け

て，同年12月22日に「もう嫌だ。」と叫んで，自宅の2階に上がってテラスの縁にベルトを掛けて首を吊って自殺した。

　判決は，①市は，労働安全衛生法70条の2第1項に基づき，同法69条1項の労働者の健康の保持増進を図るための必要な措置に関して，適切かつ有効な実施を図るための指針として，労働者の心の健康の保持増進のための指針を策定しており，心の健康問題により休業した労働者の職場復帰支援を求めていることに鑑みると，上記の安全配慮義務には，精神疾患により休業した職員に対し，その特性を十分理解した上で，病気休業中の配慮，職場復帰の判断，職場復帰の支援，職場復帰後のフォローアップを行う義務が含まれるものと解するのが相当であること，②安全配慮義務のひとつである職場環境調整義務として，良好な職場環境を保持するため，職場におけるパワハラの訴えがあったときには，加害者に対する指導，配置換え等を含む人事管理上の適切な措置を講じるべき義務を負うものというべきであること，③市は，亡Aのパワハラの訴えに適切に対応しなかったのであるから職場環境調整義務に違反したというべきであること，と判断した。

　他方で，判決は，原告である亡Aの両親（X1，X2）らにも，主治医と連携を取るなどして亡Aのうつ病症状が悪化しないように配慮する義務があったといえ，これは，損害の賠償に当たり，衡平の見地から斟酌すべき事情になるものというべきであり，亡Aの素因及び両親らの過失の割合を合計7割としてこれを減ずることが相当というべきであると判断した。

### 外井弁護士の視点

　市の環境局勤務であるにもかかわらず，怒鳴りつけたり，暴力を振るう等という行為が行われており，意外な感じがするが，地方自治体とはいえ，未だに官公庁で暴力を振るう等ということが行われているのかと

考えると，まだまだパワハラ対策は浸透していないと感じられる。なお，亡Ａの素因と原告Ｘ１らの過失の割合を７割という認定は厳しすぎるといえる。

**類型：ａ身体的な攻撃（暴行），ｂ精神的な攻撃（侮辱・ひどい暴言）**

〈キーワード〉
職場環境調整義務

### まとめ

- 被告Ｙ市
- 亡ＡはＹ市の職員
- Ｘ１，Ｘ２は亡Ａの両親
- 亡Ａは心因反応で休職２回，その後に自殺
- 休職から復帰後に環境局の施設に配属されたが，上司らは厳しく叱責し，又精神状態が悪化傾向となり，自殺
- Ｙ市は，亡Ａのパワハラの訴えに適切に対応しなかったとして職場環境調整義務違反
- 賠償額
    - 亡Ａの素因とＸ１らの過失で，一審判決は８割の減額
    - 控訴審判決は７割の減額
    - 一審判決は約1,320万円（慰謝料は2,200万円（過失相殺８割）），
    - 控訴審判決は約1,920万円（慰謝料は2,000万円（過失相殺７割））

## 事例45 市川エフエム放送事件（第一審：千葉地裁平成27年7月8日判決（労働判例1127号84頁），控訴審：東京高裁平成28年4月27日判決（労働判例1158号147頁））

　被告Y社は，市川市内でコミュニティ放送をすることを目的とし，FM放送局を運営している会社であり，当時の従業員数は5名であった。亡Aは，平成22年1月にY社に入社し，放送の運行，ニュース，天気予報のアナウンス，新規開局の検討業務を行い，ディスクジョッキー業務も補助的に行っていた。

　亡Aは，入社前の平成17年11月頃から心因反応の診断を受けて投薬により通院していた。Y社入社後の平成22年3月に，精神科であるE医師の診断により適応障害，非器質性睡眠障害の診断を受けて月1，2回通院していた。

　亡Aは，平成22年8月17日にディスクジョッキーとしてFM放送を担当中に，女性社員らとの人間関係がうまくいっていない，モラハラ，いじめがあります等のいじめ発言をした。当時のY社の専務取締役Bが調査したところ，亡Aは，実際に複数の女性との軋轢があった状況であり，人間関係は相当に悪化していた。

　その当時，同年10月1日に亡Aが欠勤したために，専務Bと当時の社長Cが自宅を訪ねたところ，残っている薬を全部呑んで起きられなかったということであった。その翌日である10月2日に，亡Aは何回か首つり自殺を試みたが失敗した。10月3日に，亡Aは10日間の休暇の申請をしてY社を休んだが，10月4日にBとCは亡A宅へ行き，「もうこんな馬鹿なことはするな。」と亡Aに注意した。また，同日，Bは，外科ではあるが精神科の研究もしていたJ医師と面談し，亡Aの職場での状況について話した。そして，10月7日に亡Aが10月8日から出勤する旨電子メールで伝えてきたが，電話で話したところ大丈夫そうだったので10

月9日からの出社を認めて, 亡Aは10月9日から出社した。ところが, 10月18日に亡Aは退職届を提出した。また10月19日にE医師の診察を受けたが, E医師は, 亡Aが薬無しでやっていきたいというので, 服薬は無しで1, 2週間様子を見ることにした。ところが, 亡Aは10月21日に自殺してしまった。

判決は, ①亡Aは, 本件自殺の前に自殺未遂を起こしていたのであるから, Y社において亡Aを職場復帰させることが可能かどうか判断するに当たっては, 亡Aが受診していた精神科であるE医師での治療状況の確認や職場における人間関係の調整などについて専門家の助言を得るべきであったにもかかわらず, Y社の専務であったB一人の判断で亡Aの職場復帰及び復帰後の業務内容を決めた上, 業務内容も, 当時の亡Aの精神的・身体的状況を十分に配慮したものではなかったのであるから, Y社のこれらの対応は, 亡Aの生命・身体に対する安全配慮義務に違反すると認めた上, ②亡AのY社に就職する前から精神疾患に罹患していたという素因及び自殺未遂後に主治医から休養を勧められたにもかかわらず, その指導を受け入れなかったこと, E医師が亡Aの希望により服薬を停止したことが影響をしている可能性を否定できないことなどを総合考慮して, 損害の公平な分担という観点から, 過失相殺ないしその類推適用によって損害額から3割を減じる旨の判断を下した。亡Aの遺族Xに対する賠償額は, 約2,974万円である。

なお, 上告審(最高裁一小平成28年9月29日決定)は上告不受理とされている。

### 外井弁護士の視点

必ずしもパワハラがあったとまでは認定されておらず, 亡Aが複数の女性社員との軋轢があったのは事実であって, 亡Aは, もともとメンタルの疾患の素質を有していたのであるから, 強度のパワハラとはいえな

い程度の行為であっても，それが亡Ａの自殺に結びついたと思われる。その点で，判決も損害額の３割減をして公平を図っているといえる。Ｙ社の責任としては，亡Ａが自殺未遂をしたことを重視して，当分は絶対に業務には就かせないというくらいの対応が必要ではなかったかと思われる。

　パワハラの態様としては，明確には認定できていない恨みはあるが，ｂ精神的な攻撃（暴言）ということになろう。

〈キーワード〉
　モラハラ，いじめがあります

### まとめ

- 被告Ｙ社はFM放送局を運営している会社
- 原告Ｘは亡Ａの姉
- 亡Ａはニュース，天気予報のアナウンス，ディスクジョッキー担当
- 入社前からの心因反応，入社後に適応障害，非器質性睡眠障害
- 女性社員との間の人間関係がうまくいかない，いじめがあったと発言
- 自殺
- Ｙ社は安全配慮義務違反
- 賠償額　一審，控訴審ともに過失相殺３割減額
　　　約2,974万円（慰謝料額は2,000万円（過失相殺３割））

## 第3　パワーハラスメントに関する裁判例の解説

**事例46**　**T庵経営者事件**（第一審：福岡地裁平成28年4月28日判決（労働判例1148号58頁），控訴審：福岡高裁平成29年1月18日判決（労働判例1156号71頁））

　被告Yは，和食・懐石料理の料理店T庵を経営している者である。亡Aは，平成22年10月頃からT庵に勤務するようになった。T庵のスタッフは，Yと亡Aだけであったが，繁忙時にはYの母親と臨時のパートが手伝うこともあった。

　亡AのT庵での職務内容は，客室の清掃，接客，配膳，下膳，パソコンによるホームページの管理，金銭の収支の管理であり，たまに，弁当の注文を受けたときには盛り付けを手伝うこともあった。また，亡Aは，出勤する前に食材の買い出しを担当することもあり，帰宅が午前零時頃になることも多かった。

　T庵は完全予約制であって，営業時間は昼が午前11時30分から午後3時，夜は午後5時から午後10時までであり，月曜日が定休となっていたが，たまに，その月曜日も予約が入ることもあった。

　Yは，亡Aに対して厳しく，失敗を繰り返すと激しく叱りつけ，顔を殴る等の暴行を行うことがあった。平成23年3月頃から，亡Aは眠れなくなり，平成23年4月頃からは自宅に引きこもるようになり体重も激減した。亡Aは，平成23年11月18日に仕事の終了後，自宅近くの田において，ガソリンをかぶって焼身自殺を試み，広範囲の火傷を負い，入院していたが，同年12月15日敗血症のために死亡した。この平成23年11月18日は，T庵の調理場において，Yが亡Aに対してグリルに火を付けるよう指示をしたところ，グリルの上に炊飯器を置いたままでグリルに火をつけたため，Yは，亡Aに対し，これまで注意してきたにもかかわらずこのような行為をしたので，かっとなり，「何でこんなことがわからんのか。」と叱責した。

なお，本件自殺前の6か月間の時間外労働時間数についてであるが，一審判決と控訴審判決とは若干異なっており，一審判決は，「6か月前が92時間25分，5か月前が96時間35分，4か月前が103時間5分，3か月前が94時間30分，2か月前が110時間4分，1か月前が103時間1分」と認定し，控訴審判決は，やや短く「6か月前79時間25分，5か月前82時間35分，4か月前77時間37分，3か月前74時間30分，2か月前92時間12分，1か月前74時間31分」と認定している。

一審判決，控訴審判決ともに，Xの長時間労働と，使用者であるYの精神疾患を発症させるに十分な暴言暴行によって自殺するに至ったと判断し，Yの責任を認めたが，賠償額はかなりの差異がある。

一審判決は，亡Aの遺族であるX1，X2に，約4,355万円の損害賠償を認めた。しかしながら，控訴審判決は，亡Aが焼身自殺に及んだことは極めて短絡的な行為であると評価せざるを得ず，経営者Yにとって，法的には予見可能であるといえても，通常は想定しがたい事態であるという他はないことなどを考慮すると，公平の観点から過失相殺の法理を適用ないし類推適用するとして，賠償額を5割減額するとして約1,771万円とされた。

### 外井弁護士の視点

使用者1名，労働者1名の料理屋という小規模な事業場におけるパワハラである。被告Yの暴力と暴言によって亡Aとすれば相当つらかったであろうと思われる。他方で使用者である被告Yも厳しく叱責しているものではあるが，職人の道では，このような修行というのは当たり前という認識を持っていたかもしれない。しかし，かなり激しいパワハラといえ，自殺の予見可能性はないわけではないであろう。原告X1，X2にとっては控訴審判決は厳しすぎるであろう。

**類型：**a身体的な攻撃（暴行，傷害），b精神的な攻撃（侮辱，ひどい

第3　パワーハラスメントに関する裁判例の解説　179

暴言）

〈キーワード〉
何でこんなことがわからんのか

**まとめ**
- 被告Yは，和食・懐石料理の料理店の経営者
- 被災者亡AはYの従業員で調理見習い
- 原告X1，X2は，被災者亡Aの両親
- 長時間の労働1月70～90時間の時間外労働
- Yの厳しい叱責，顔を殴る等の暴行
- 自殺直前に，「こんなこともわからんのか。」と叱責され，ガソリンをかぶって焼身自殺，敗血症で死亡
- Yの不法行為責任
- 賠償額
    一審は合計約4,355万円（うち慰謝料2,000万円）
    控訴審は，50％の過失相殺をして，合計約1,771万円（うち慰謝料1,000万円（過失相殺5割））

**事例47**　コンビニエースほか事件（東京地裁平成28年12月20日判決（労働判例1156号28頁））

　被告Y1社は，コンビニエンスストアのフランチャイザーとフランチャイズ契約を締結しているフランチャイジーであり，コンビニエンスストアを3店舗経営していた。被告Y2は，Y1社の代表取締役であり，Y3は1店舗の店長であった。原告Xは，平成22年9月から23年12月26

日まで，Y1社の店舗3つの店員として勤務していた。

　Y2，Y3らは，Xに対して，日常的に，暴力的ないじめ，パワハラを繰り返していた。具体的には，①Y3による鼻に火のついたタバコを押しつける（以下「鼻タバコ」という），②Y3によるカラオケマイク殴打，③Y2による竹棒による背中の殴打，④Y2による焼き鳥串による手の甲への刺し行為，⑤Y2による灰皿での殴打，⑥Y3による竹棒殴打，⑦Y3による背中の噛みつき，⑧Y2，Y3による鍋による殴打，自転車でのチェーン錠による殴打，⑨Y2による金属スプーンによる殴打等，⑩Y2によるエアガン射撃，⑪Y2による金属製スプーンでの顔面殴打，Y3によるライターでの足のあぶり，腹の殴打，⑫Y3による棚の仕切板による殴打，⑬Y2による六角棒での両足の親指付近への殴打，⑭Y2による腹部のけり，鉄棒での殴打，⑮Y2，Y3による日常的な顔を殴打，腹部の足蹴り等，が行われていた。

　このような暴行，暴力のみならずその他にも，Y2，Y3による様々な嫌がらせが行われていた。具体的には，以下の通りである。

　⑯店舗の金がなくなったといって，Y3による金60万円の貸付けの要求によって意に反して交付させられた，⑰Y2による，店舗の現金77万円がなくなったとしてXの責任にし，Y2が貸すことにして借用書を書かせ，25万円を交付させられた，⑱Y2による殴られることの誓約書の作成の強制，⑲Y2，Y3によるY1社の飲み会代の会社負担についてXに支払いを要求し，Xは200万円超負担させられた，⑳ひらがな作業指示書の交付，㉑売れ残り品の買取り強要，㉒給与の支払われない「手伝い」の強要，㉓Y3は，200万円の借用証の作成を強要し，Xは20万円を支払わされた，㉔その他日常的なパワハラ。

　原告Xは，Y3に対して，別の訴訟（前訴）で，⑯の60万円の返還，㉓の20万円の返還，㉓の借用証の作成の慰謝料100万円の支払いを求める訴訟を提起し，60万円の返還，20万円の不当利得と慰謝料20万円の支

払えとの判決が出されていた。

　判決は、Ｙ２，Ｙ３による凄まじいいじめ，パワハラ行為を違法であると認定し（刑事事件になっているようであるが，どの程度の処分が為されたのかは不明），Ｙ３の行為について代表者であるＹ２に責任が問えるのかについては，Ｙ２とＹ３とは個別には連絡を取り合っていなくとも，監督指導と称してＸをいじめ，パワハラを行う方針自体は共謀していたと見られるものとして連帯責任を負うものと判断された。また，Ｙ１社は，使用者責任（民法715①），Ｙ２についても，また，Ｙ３が単独で行っていたように見える行為についても連帯して全額の賠償を認めている。

　本件では，賠償金は慰謝料570万円を含めて約930万円であり，Ｙ１社，Ｙ２はその全額を賠償する義務を負い，Ｙ３は約910万円につき賠償すべき義務があるとの認定がなされている。

　慰謝料額の認定については細切れ的に認定し，入通院慰謝料は30万円の他に，⑯については慰謝料20万円，⑰については慰謝料20万円，⑱については慰謝料20万円，⑲については慰謝料20万円，⑳については慰謝料20万円，㉒については慰謝料20万円，㉓については慰謝料20万円，その他のいじめ，パワハラ全体として慰謝料は全体として400万円と認定されている。

### 外井弁護士の視点

　本事例は，Ｙ２，Ｙ３らの凄まじい暴行傷害行為がなされており，Ｘは傷害を負って入院したこともあり，さらにはいわれのない債務の負担等の義務のない債務も負わされているというパワハラの中でもかなりの悪質な部類に属すると言える。Ｘは傷害を受けて何度も入院・通院をしており１年数か月にわたるいじめ，パワハラ行為についての賠償金としてはいかにも安いといえる。

**類型**：a 身体的な攻撃（暴行，脅迫），b 精神的な攻撃（侮辱，借用証の作成の強要），d 過大な要求（不明金の賠償，仲間の飲食費の負担強要）等

〈キーワード〉
鼻たばこ
カラオケマイク殴打
エアガン射撃
自転車のチェーン錠による殴打
売上金の不足についての貸付け

**まとめ**

・被告Y1社は，コンビニのフランチャイジー，コンビニを3店舗経営，被告Y2は代表取締役，被告Y3は1店舗の店長
・原告Xは社員
・Y2，Y3らによる凄まじい暴力，暴行，いじめ
・Y2，Y3らによる様々な嫌がらせ：店舗の金がなくなったとして金60万円の交付，店舗の金がなくなったとして借用書を書かせる，Y2・Y3によるY1社の飲み会代のXへの支払い要求など
・Y2，Y3の不法行為，Y1社の使用者責任（民法715）
・賠償額
　　Y2，Y1社は約930万円
　　Y3は910万円（うち慰謝料は400万円）

**事例48** **SGSジャパン事件**（東京地裁平成29年1月26日判決（労働経済判例速報2306号3頁））

　被告Y1社は，電子製品，工業製品，船舶，化学製品，石油，鉱産物，プラスチック，繊維，農産物，医薬品等の鑑定，検査，検量及び査定を目的とする会社であり，原告Xは，平成21年4月1日にY1社に入社し，食品事業部の審査チームに配属され，食品関連企画の審査を担当していた。Xは，平成23年5月頃から不眠症状を訴え，うつ病を発症し，同年8月，心療内科より向後1か月の自宅療養を要する旨の診断を受け，1か月の休職を申し出て休職に入った。その後，Xはしばしば復職を申し出たが，Y1社は復職を認めずに平成24年9月5日に休職期間満了による退職扱いにした。

　Xは，うつ病は業務に起因するもので，退職扱いを争うと共に，うつ病に罹患したのは食品事業部のマネージャー被告Y2のパワハラのせいであること，及び，休職からの復職を認めなかったのは食品事業部長被告Y3，人事部長被告Y4が復職を妨害したからであると主張した。

　判決は，

・Xの労働時間は1月に40時間を超えることはなく，過重な労働時間ではない。

・Xと上司Y2との諍いについても，Xは，①HACCPのテストの採点でXを不合格にしたこと，②SQF審査に関し食品衛生法の解釈適用について見解を異にして論争したこと，③SQF審査の適合性について意見が異なったこと，④Y2がXに対し認証QC業務を担当させたこと，⑤Y2がXに店舗衛生検査トレーニングを受けさせたこと等，XがY2から多くのパワハラ・嫌がらせを受けたとの主張をしているが，確かに，Y2とXの間には周囲からも認識可能な程度の業務上の意見の相違があり，それに基づく軋轢があったことや，業務指導とし

ての叱責があったことは認められるが，パワハラや嫌がらせであると評価することができるような行為を行ったとは認められない。
・被告Y3，Y4の復職妨害について，Xは，平成23年8月20日には心療内科でうつ病と診断され，Y3，Y4に報告して面談し，1か月の休職の申立てをし，同年10月頃から度々復職の希望を伝えたが，Y1社は復職を認めず，平成29年9月5日に休職期間満了により退職扱いとなった。Y3とY4は，Xに対し，十分に休養を取るように指示しつつ，Xとも面談を重ね，Xが復帰するに当たっての条件について面談結果の確認を求めるなどして誠実に対応したものということができる。

と認定の上，結局，Xの主張するパワハラ行為は，いずれもパワハラと評価できるものではないとされて，Xの請求は棄却された。

### 外井弁護士の視点

　Xが担当していた食品関連企画の審査につき，上司Y2に不合格とされたり，Y2との意見が対立したり，本人の意に反する業務をさせられたこと，叱責されたことが原因となってうつ病に罹患したと思われるが，判決は，特段パワハラに該当するような行為はなかったという認定である。

　Xの主張どおりだとすれば，パワハラの類型では，b精神的な攻撃（侮辱），e過小な要求（能力や経験とかけ離れた程度の低い仕事を命じられた）に該当すると思われる。

〈キーワード〉
休職期間満了による退職

> **まとめ**
> ・被告Ｙ１社は電子製品・化学製品，農作物，医薬品の鑑定・検査・査定を目的とする会社
> ・原告Ｘは，食料事業部の食品関連規格の審査
> ・上司Ｙ２との間に業務上の意見の相違，軋轢，業務指導としての叱責あり
> ・うつ病罹患，休職
> ・食品事業部長Ｙ３，人事部長Ｙ４がＸの復職を認めず。退職扱い
> ・請求棄却
>   　Ｙ２の行為は復職妨害に当たらず，Ｙ３，Ｙ４はＸの復職要請に対して誠実に対応

**事例49** **ディーコープ社事件**（東京地裁平成28年11月16日判決（労働経済判例速報2299号12頁））

　Ｘは，Ｙ社の購買ソリューション東日本事業本部購買ソリューション部の部長代行であった者であるが，過去に部下２名に対し，ハラスメント行為を行って，厳重注意を受けて顛末書を提出していたにもかかわらず，そのわずか１年余りの後に，再度部下２名に対して，「お前アホか」と言ったり，「私は至らない人間です。」という言葉を何度も復唱させたりする行為を行い，それらの部下が適応障害に罹患し，病気休暇を余儀なくされる等があった。そのため，Ｙ社はＸを懲戒解雇した。Ｘはその有効性を争ったが，判決は懲戒解雇処分を有効と判断した。
　判決は，平成26年３月末に部下２名に対するハラスメント行為を行い，Ｙ社から厳重注意を受け，顛末書まで提出したにもかかわらず，そのわずか１年余り後に，再度２名に対するハラスメント行為に及んでお

り，同一事由を2回繰り返したことになる上に，「Xは，自身の部下に対する指導方法を一貫して正当なものと捉え，部下4名に対するハラスメント行為を反省する態度を示していないことに照らすと，仮にXを継続してY社に在籍させた場合，将来再び部下に対するパワーハラスメント等の行為に及ぶ可能性は高いと言うべきである」，「Y社は使用者として，雇用中の従業員が心身の健康を損なわないように職場環境に配慮する信義則上の義務を負っていると解されること，Y社の所属するグループ企業においてはハラスメントの禁止を含むコンプライアンスの遵守が重視されていることを考慮すると，2度のハラスメント行為に及んだXを継続雇用することが職場環境を保全するという観点からも望ましくないというY社の判断は尊重されるべきである。」と述べて，懲戒解雇を有効と判断した。

### 外井弁護士の視点

パワハラを繰り返す部長代行職であるXにつき，懲戒解雇をした事案である。程度問題としか言い様がないが，そのパワハラを受けた部下が適応障害に罹患し，病気休暇となったことが大きなポイントであったと思われる。パワハラの行為者であっても，懲戒解雇までの重大な事案として処断するのは勇気のいることである。

**類型：b 精神的な攻撃（強要，侮辱）**

〈キーワード〉
「私は至らない人間です」の復唱

### まとめ

・被告Y社はインターネットを利用した総合販売支援サービス会社
・原告Xは販売ソリューション部の部長代行

・パワハラで一度厳重注意で顛末書提出命令を受けていたが，約1年後にまたパワハラを行い，Xに適応障害，病気休暇を取得させた
・懲戒解雇有効
　　パワハラを繰り返すおそれ，コンプライアンスの重視

**事例50** **国立大学法人群馬大学事件**（前橋地裁平成29年10月4日判決（労働判例1175号71頁））

　Xは，国立大学法人Y大学の教授であるが，パワハラ，セクハラ行為を理由として懲戒解雇された。具体的な事由として掲げられているのは，①A講師に対する業務の適正な範囲を超えた指導，暴言のパワーハラスメント，②B助教に対する女性を蔑視したセクシュアルハラスメント，③B助教に対する私的なことに対する過度な立ち入り，④B助教に対する他の者を不快にさせるセクシュアルハラスメント，⑤C助教に対する業務の適正な範囲を超えた叱責，暴言等のパワーハラスメントである。
　判決は，①～⑤の事由につき，Xの教授としての職務上の義務に反し，Y大学内の秩序又は風紀を乱し，就業規則に定める懲戒事由としながらも，ⓐXの懲戒事由に該当するハラスメントの内容及び回数は限定的であること，ⓑXのパワーハラスメント，セクシュアルハラスメントの態様からすれば，Xのハラスメント等の悪質性が高いとは言えないこと，ⓒXには過去に懲戒処分歴がなく，Xは本人のヒアリング結果において，ハラスメントの一部を認め，反省の意思を示していたことから，懲戒解雇は社会通念上相当性を欠くとして，懲戒解雇処分を無効とした。

> **外井弁護士の視点**

アカデミックハラスメントに分類できる事案であるが，都合上，ここで紹介した。Xは，A講師，B助教，C助教に対してパワハラ，セクハラを行っており，厳しい処分も考えられるところであり，懲戒解雇という選択肢もあるかと思われる。確かに，今回の前に懲戒処分歴はなく，程度も悪質ではないという認定であるから懲戒解雇は厳しすぎると思われるが，事案によって懲戒解雇ができる場合もあれば，できない場合もあるということであろう。

**類型：b 精神的な攻撃**（名誉毀損，侮辱）

〈キーワード〉
過去の懲戒処分歴無し

> **まとめ**
> ・被告Y大学
> ・原告Xは，大学教授
> ・セクハラ，パワハラ
> ・懲戒解雇は無効
>   ハラスメントの悪質性は高くない，就業規則の規定が適合していない，Xに懲戒処分歴がない，反省の意思を示していた

**事例51** **加野青果事件**（第一審：名古屋地裁平成29年1月27日判決（労働判例1175号46頁），控訴審：名古屋高裁平成29年11月30日判決（労働判例1175号26頁））

高校卒業後，市中央卸市場において，卸売業者又は仲卸業者から青果

物を買い受け，これをスーパーマーケット，八百屋等の小売業者へ販売する仲卸業を目的とするＹ１社に勤務した女性社員亡Ａが，総務部に所属して，当初は本社３階で経理事務を担当していたが，平成24年４月に配置転換となり本社２階での営業事務に従事した。本社ビルの２階，３階の責任者は取締役Ｂであったが，経理事務にいた時は，亡Ａの指導をするのは先輩の女性Ｙ３であり，営業事務に配転されてから亡Ａの指導をするのは先輩の女性Ｙ２であった。

Ｙ３は，他の女性社員が出向して職場からいなくなった後，亡Ａに対して強い口調で叱責するようになり，執拗に「てめえ」と呼びかけたり，大声で「あんた，同じミスばかりして。」等と男っぽい口調で叱りつけた。

また，同年４月に，亡Ａは経理事務から営業事務へと配置転換されたが，この職場の業務は残業も多く，また，取引先のシステム変更等により質的にも時間的にも負担が重い職場であった。その職場では，Ｙ２が亡Ａを指導することになったが，Ｙ２も亡Ａのミスに対して，少なくとも週１回くらいは呼び出して注意をしており，同じミスをすると，「何度言ったらわかるの。」等と強い口調で注意することもあった。また，Ｙ２は，何度か，夜勤担当者からの連絡に対応するために，亡Ａの帰宅後，携帯電話に架電し，何度か出社指示をしたこともあった。

同年６月20日，亡Ａは公休日で休んでいたが，Ｙ２が夜勤担当者より連絡を受け，商品の納入日に関して亡Ａの入力した日と納入先との認識が異なるという連絡を受けたために，その携帯電話に連絡したが，入力された納入日が１日誤っていたことが発覚した。亡Ａは，顛末を尋ねるためにＹ２に電話したところ，Ｙ２から指導を受けたが，同年６月21日午前６時20分頃，亡Ａは，自宅のあるマンション10階から飛び降りて自殺した。

両親Ｘ１らは，Ｙ２，Ｙ３の不法行為責任と会社の使用者責任又は安

全配慮義務違反を理由として損害賠償請求訴訟を提起した。一審判決は，Y2，Y3らの叱責行為と自殺との因果関係を認めず，違法な叱責行為による亡Aの精神的苦痛を慰謝するための慰謝料として金165万円の賠償を認めるに止まった。

両親X1らは控訴し，控訴審判決は，亡Aは，遅くとも同年6月中旬には，うつ病を発症していたと認めるのが相当であり，Y1社は亡Aがうつ病になり，自殺に至る場合もあり得ることを認識できたのであるから，うつ病発症の原因となる事実ないし状況を認識し，あるいは容易に認識することができた場合には，労働者が業務上の原因で自殺することを予見することが可能であったというべきである。そして，Y3，Y2による違法な注意・叱責とこれについてY1社が適切な対応を取らなかったこと，及び亡Aの業務内容や業務配分を見直すべき義務があったのにこれをしなかったと判断して，賠償額は大幅に増額されて約5,574万円となった。

### 外井弁護士の視点

　被害者亡Aは女性，直接の加害者である先輩従業員のY2，Y3も女性という事案であり，女性同士のパワハラ事案である。女性同士の行為なので，その上司であった男性管理職は介入が難しかったのではないかとも思われる。2階・3階の責任者である取締役Bは一体何をしていたのか疑問に思われる。これまでは両当事者が女性というのは多くはなかったが，今後は増加するであろうし，加害者が女性，被害者が男性という事例も当然に起こってくるであろう。

**類型：b 精神的な攻撃**（侮辱，ひどい暴言）

第3 パワーハラスメントに関する裁判例の解説　　191

〈キーワード〉
てめえ
同じミスばっかりして
何度言ったらわかるの

> まとめ
> ・被告Y1社は青果物の仲卸業
> ・被災者亡Aは社員
> ・原告X1，X2は亡Aの両親
> ・経理事務担当の時の先輩女性社員Y3，営業事務に配転されてからの先輩女性社員Y2が厳しく指導
> ・亡Aは飛び降り自殺
> ・一審はY2，Y3の行為と自殺との因果関係を認めず
> ・控訴審はY1，Y2の不法行為責任，Y1社の使用者責任（民法715），Y2，Y3の行為と自殺との相当因果関係を認める
> ・賠償額
> 　　一審：165万円（慰謝料。弁護士費用15万円含む）
> 　　控訴審：約5,574万円（うち慰謝料2,500万円）

事例52　**F社事件**（第一審：長野地裁松本支部平成29年5月17日判決（労働経済判例速報2318号26頁），控訴審：東京高裁平成29年10月18日判決（労働経済判例速報2332号16頁））

　被告Y1社は，医療機器の販売を主な業務とする会社であり，企業グループの1つの会社である。代表取締役Y2は本社にいたが，女性従業

員である原告Ｘ１〜Ｘ４に対して，種々の問題行動を起こした。Ｘ１は平成25年４月当時57歳，Ｘ２は平成25年４月当時50歳代後半，Ｘ３は平成25年４月当時58歳，Ｘ４は平成25年４月当時48歳であったが，Ｘ１〜Ｘ３は平成25年７月16日に退職届を提出し，同年９月30日に退職した。Ｘ４は翌17日退職届を提出し，同年８月31日に退職した。

Ｘ１〜Ｘ４らは，Ｙ２からパワーハラスメントを受けたとして，Ｙ１に対しては不法行為に基づき，Ｙ１社に対しては会社法350条に基づき損害賠償請求等の請求をした。

一審判決は，代表取締役Ｙ２が女性差別ととれる数々の言動を行ったとして，Ｘ１〜Ｘ４に対する不法行為であり，慰謝料として，弁護士費用も含めて，Ｘ１は22万円，Ｘ２は110万円，Ｘ３は５万5,000円，Ｘ４は５万5,000円と判断した。また，Ｙ２社は，会社法350条に基づき，Ｙ１に連帯して責任を負うと判断した。

控訴審判決は，代表取締役であるＹ２の行為を詳細に認定し，退職強要の点に立ち入って判断した。即ち，①Ｘ２に対しては，前代表取締役Ｆ関係の交際費支出の不正行為に関連して，正当な理由無く非難を続け，Ｙ１社において平成25年７月の賞与を正当な理由無しに減額し，懲戒処分の手続を進めて同年７月に無効な本件降格処分を行うなどし，その結果，Ｘ２は定年まで勤務するつもりでいたのに，勤務の継続を断念して平成25年７月16日に退職願を出して退職するに至った。②Ｘ１に対しても，Ｙ２は，平成25年７月12日にＸ１に対し，賞与を減額した理由を説明した際，要旨，「Ｘ２の責任もあるが，Ｘ１にも責任がある。会社としては刑事事件にできる材料があり，訴えることもできるし，その権利を放棄していない。このまましていれば，裁判所に行きましょうかという話になるし，必ずＸ２も同罪で引っ張られる。」「Ｘ１の給与が高額に過ぎる。50歳代の社員は会社にとって有用でない。」等と述べた結果，Ｘ１は，定年まで勤務するつもりでいたのに，勤務の継続を断念し

て平成25年7月16日に退職届を出し，退職するに至っている。その結果，X3とX4は，いずれも定年まで勤務するつもりでいたのに，X2やX1に対する正当な理由のない懲戒処分や賞与減額を見聞きし，いずれ自分たちも同じような対応を受け，退職を強いられるであろうと考え，③X3は平成25年7月16日に，④X4は同年7月17日にそれぞれ退職願を提出し退職するに至った。これらの事情を総合すると，Y2のX2及びX1に対する一連の退職強要行為は，X3，X4にも間接的に退職を強いるものがあるから，X3，X4にとの関係においても違法な行為に当たると判断した。

　これらの行為によって，X1～X4は，退職を強要されたものと認定され，一審判決よりも慰謝料が増額され弁護士費用も含めて，X1が77万円，X2が110万円，X3が44万円，X4が44万円となった。

　なお，上告審（最高裁三小平成30年5月15日決定）は上告棄却，上告受理申立不受理であり，控訴審判決が確定した。

### 外井弁護士の視点

　代表取締役Y2が，40代～50代の女性労働者4名に対し，定年前に退職に追い込むことを意図して，様々な形のパワハラ行為を行って退職させたという事案であり，その行為は違法であると認定されているが，復帰までは求めてはいない。その女性労働者らも何とか定年までは勤務しようと抵抗したが，退職させられてしまったのである。

**類型：b 精神的な攻撃**（脅迫，侮辱，ひどい暴言），**d 過大な要求**（退職の強要）等

〈キーワード〉
　高年齢者に対する定年前の退職強要

> **まとめ**
> ・被告Ｙ１社は医療機器の販売会社，被告Ｙ２は代表取締役
> ・原告Ｘ１～Ｘ４は，女性社員でＹ２から数々の差別・嫌がらせを受け，いずれも退職させられた
> ・Ｙ２は不法行為責任，Ｙ１社は会社法350条に基づく責任
> ・賠償額
> 　　　一審：慰謝料として，Ｘ１は22万円，Ｘ２は110万円，
> 　　　　　　Ｘ３は５万5,000円，Ｘ４は５万5,000円
> 　　　控訴審：慰謝料として，Ｘ１は77万円，Ｘ２は110万円，
> 　　　　　　Ｘ３は44万円，Ｘ４は44万円

**事例53** **金沢大学ほか事件**（第一審：金沢地裁平成29年３月30日判決（労働判例1165号21頁），控訴審：名古屋高裁金沢支部平成29年11月29日判決，ウェストロー）

　原告Ｘは，平成17年10月１日，被告国立大学法人Ｙ１大学（以下「Ｙ１法人」という）の大学院総合Ａ研究科のＢ教室に助(准)教授として着任し，そのＢ教室の主任であった被告Ｙ１教授の事実上の部下となった。ところで，Ｙ２教授は，Ｂ教室に配分される経費につき，特定の納入業者との間で，所定の手続に従い発注した物品・消耗品等を一旦納入させた後にその業者に引き取らせ，その代金相当額をプールさせておき，そのプール金をＢ教室で使用する物品・消耗品等に充てる行為（預け金行為）を行っていたが，Ｘは，それに加担することに悩んだ末，平成18年１月にＹ１法人に対してこの預け金行為について内部通報した。Ｙ１法人は，平成19年３月16日付で，預け金行為を行ったことを理由として，Ｙ２に対して出勤停止２か月の懲戒処分をした。

Y2は，Xが通報してから平成27年7月31日にY1法人を退職するまでの間，Xに対して共同実験室等の使用を制限したり，授業のコマ数を減らしたり，実験室の鍵が紛失したのをXが隠匿しているということを第三者の前で発言するなどの諸々の嫌がらせ行為をした。Xは，それらが違法行為であるとして，また，それに対してY1法人も適切な措置を講じなかったとして，Y2，Y1法人に対する損害賠償を求めた。さらにXは，Y2に対して，Y2がXが暴力を振るったとしてY1法人に虚偽の報告をし，警察への被害届の提出したことにつき，損害賠償請求をした。

　一審判決は，Y2の種々の行為について違法行為と認め，一部の行為には国家賠償法1条1項の適用があり，Y2の行為は「公権力の行使」であり，Y2は公務員に当たるから，Y1法人のみが責任を負い，その慰謝料額は165万円（弁護士費用15万円を含む）とするのが相当であるとし，Y2の警察への被害届の提出の行為は，「職務の執行」に当たらないし，「事業の執行について」にも該当しないのであり，Y1法人の責任はなく，Y2は，165万円（弁護士費用15万円を含む）の賠償責任を負う。そして，Y1法人は，平成19年1月12日からY2の退職する平成27年7月31日までの間，Xのために職場改善に向けた対応義務を尽くしたとは言い難いとして，その賠償額は金55万円（弁護士費用5万円を含む）とするのが相当であると判断した。

　控訴審判決は，Y2の警察への被害届の提出行為については，Y2がXより暴力行為を受けたとの誤信をしたとしてもやむを得ない状況にあったというべきであったとして，Y2の不法行為責任（165万円）を取り消した。

### 外井弁護士の視点

　Y2の行為は，まさにXへの逆恨み以外の何ものでもなく，教育者と

して情けない限りである。Xの公益通報に対して，教授であるY2の行為は公益通報に対する不利益取扱いであり，その面でも十分に問題足りうる行為である。また，控訴審では取り消されたが，Xが暴力を振るったとして虚偽の被害届を警察に出す等というのは虚偽告訴罪にも該当し得る行為であり，到底許されない違法行為である。

**類型**：b 精神的な攻撃（名誉毀損，侮辱），c 人間関係からの切り離し（隔離，仲間外し），d 過小な要求（授業のコマ数の削減，共同実験室の使用の制限は程度の低い仕事を命じるものに該当すると思われる）

〈キーワード〉
共同実験室の使用の制限
授業のコマ数の減少
警察に対する虚偽告訴

---

**まとめ**

・被告Y1法人は国立大学法人，被告Y2は上司である大学教授
・原告Xは助教授
・Y2の様々ないじめ，嫌がらせ行為，虚偽の警察への被害届提出行為
・Y2は退職
・Y2の行為は違法行為でありY1法人に国家賠償法1条1項の責任
・警察への虚偽の被害届提出行為，公権力の行使ではなく，Y2の不法行為責任，控訴審は不法行為であることを否定
・Y1法人の職場改善対応義務違反
・賠償額：慰謝料
（一審判決）
　　Y1法人：165万円（弁護士費用15万円を含む）と55万円（弁護

士費用5万円を含む）
　　Y2：165万円（弁護士費用15万円を含む）
（控訴審判決）
　　Y1法人の責任のみ，一審判決と同じ

**事例54**　航空自衛隊（セクハラ）事件（第一審：静岡地裁浜松支部平成28年6月1日判決（労働判例1162号21頁），控訴審：東京高裁平成29年4月12日判決（労働判例1162号9頁））

　被害者Xは，平成22年4月に航空自衛隊S基地に非常勤職員隊員として採用されて，一度，非常勤隊員として再度雇用され，平成23年3月31日に退職した。Xは，母子家庭であり，自らの収入だけで生活をせざるを得ない状況であった。被告Yは，航空自衛隊空曹長であり，S基地の庶務係長として勤務しており，何ら人事権はなかった。
　Xは，平成22年8月上旬頃，同僚の女性からYを「偉い方」と紹介されて，電話番号とメールアドレスを教えた。Xは何度かYから呼び出された。この当時，Xは非常勤隊員の再度の採用試験の直前の状態であったのでその試験結果に影響があると考えたことから質問に答え，Yからの呼び出しに応じて無人島の人気のない神社に行き，抱きしめられてキスをされた。そして，採用試験の発表前の同年10月2日に，Yからの誘いにより映画に行き，さらに同年10月7日にも映画に誘われて映画観賞後にラブホテルに連れて行かれて，性交をした。同年10月8日に，Xは採用試験に合格し，再度非常勤隊員として採用されたが，Yが人事に対する影響力を持っていると思っており，Yの要求を拒絶できず，その後はYはXの自宅に上がり込んで性的関係を持つことになった。このころから，Xは精神安定剤を服用したこともあった。Xは同じS基地勤務の

男性Tと交際を開始したが，その事をYに伝えたところ，Yは自分の方が地位は上であることを告げた上，Tのことを悪く言い，交際を止めるように勧めた。

Xは，その後退職し，生活保護の認定を受けるに至ったが，その後婚約をしたTに悪影響が及ばないようにYの要求を受け入れざるを得なかった。平成23年夏以降本格的な精神的な治療を開始し，平成24年5月18日に適応障害の診断を受け，平成27年7月27日にはPTSDの診断を受けた。

一審判決は，当初の接吻行為についてはセクシュアルハラスメントと認定したが，その後の行為については，Xの主張を退けた。

控訴審判決は，被告Yによる性交渉の強要につき，上官としての地位を利用し，XやTの人事への影響をちらつかせ，当時母子家庭で雇用や収入の確保に敏感となっているXの弱みにつけ込んで性的関係を強要し，これを継続したことは，違法行為である，とした。しかも，Xの健康状態に配慮せず，Xの精神状態を病的に悪化させた点，自衛隊退職後のXの精神状態悪化のために職業訓練等を受けることができず生活保護を受けざるを得ない状態に追い込んだ点，このようなXの境遇には全く関心を示さずに欲望処理のための性的関係を求め続けたことは，悪質であり，被害も非常に深刻であり心身の不調は好転せず，いまだにPTSD症状に悩まされ，家事育児など多大な支障を来していることを考慮すると，Xの精神的損害に対する慰謝料は800万円が相当であると判断した。

### 外井弁護士の視点

被害者XはYが自らの採用試験に影響力を持っている人物であると誤信して性的な要求に応じていたが，そのうちその関係に耐えられなくなり自衛隊基地を退職した。しかし，その後も婚約した男性TがYよりも階級が下であることからTに迷惑がかからないようにと，Yからの要求

に応じて交際を継続してきたというのである。上下関係に基づくものであるので今回はパワハラの事案としてとりあげたが，セクハラという方がふさわしいようにも思われる。なお，国は被告とはされていない。

なお，一審判決は，1回目の逢瀬以外についてはXの同意があったものと解したのかXの請求を棄却したが，Xが精神疾患に罹患し，PTSDになっているという実態を無視する認定である。

(パワハラとして捉えるとすれば)
**類型**：b 精神的な攻撃（性的な強要，侮辱），f 個の侵害（私的なことに過度に立ち入ること）

〈キーワード〉
非常勤隊員の採用試験と「偉い方」

---

**まとめ**

・被告である加害者Yは航空自衛隊空曹
・被害者X（女性）は航空自衛隊の非常勤隊員
・Xは，期間雇用継続のためにと誤信してYとの交際に応じ，さらに交際していた男性に悪影響が及ばないように，Yからの要求に応じた
・Xは適応障害，PTSDに罹患
・賠償額：慰謝料
　　一審：初めの接吻行為のみセクハラ行為で30万円
　　控訴審：慰謝料880万円（弁護士費用80万円を含む）

事例55　**Y建築工事会社事件**（名古屋地裁平成29年12月5日判決（判例時報2371号121頁））

　Y1会社の営業職として勤務していた社員Xが，平成25年2月以降上司Y2から指導教育を受けるようになって，約1年4か月後の平成26年6月にうつ病になり2か月間の休養及び自宅での療養が必要となって，平成26年10月末にY1社を退職した。
　Y2の行ったパワハラ行為は判決の認定したものだけでも数が多く紹介しきれないが，例えば，次のようなものであった。
・営業社員が帰り支度をしているXが質問をしたときに，ボールペンを投げつけ，「帰ろうとしている人にくだらない質問するな」と叱責した。
・請負契約を一緒に担当していたXに対して，その担当から外し，Xができることだけやらせて貰えませんかと御願いしたにもかかわらず，「お前は新規案件だけに専念しろ，このまま着工までいられると思うなよ」と述べてその請負契約の担当から外した。
・Xが他の請負契約の書類上のミスをしたことをきっかけに，Y2は「集中力が足りないので新規案件に注力しろ。」と言い，顧客訪問を禁止された。Xが契約締結の際に同席しようとしたところ，Y2は「お前の席はない。」と言って断った。
・XはY2から三案件をとれない者がいると社内の気が緩むとして，他の従業員と接触しないよう提示よりも早く帰社して直帰扱いで打刻をして夜訪問に出るよう指示された（三案件とは，契約に至る可能性がある案件を3つは手元に持っておくという意味）が，Xがこれに従い，午後5時頃帰ってくると，Y2は「なぜこんなに早く帰ってきたのか。他社員がまだ頑張っているのに何を考えているんだ。」と発言した。

・Xは、帰りがけにY2に声をかけ相談をしたところ、Y2から午前零時頃まで、「お前は営業センスがない、だから退職を考えた方が良い。」と諭すように言われた。

　Y2のこれらのハラスメントはかなり執拗かつ深刻なものであり、それでその社員がうつ病に罹患して休職となり退職をしたという因果関係は認められ、Y2の行為には不法行為性は優に認められた。Y1社の責任については、Y1社が、就業規則上もパワハラを行った者に対して懲戒解雇も含めて対処する旨を定め、パワハラ相談窓口も設置し、イントラネットにはセクハラ・パワハラ防止コンテンツがあるなど、パワハラ対策の一定の措置は講じていたが、Y1社が、Y2にはパワハラ的な言動が見られたにもかかわらず指導がなされたという形跡はないこと、Y2のパワハラに対して他の従業員が相談窓口に連絡した形跡はうかがわれないこと等から、Y1社のとった措置は実際には必ずしも奏功しているものではなく、実際にY2によるパワハラが数ヶ月に亘って継続していたことからしても、Y1社は、Y2の選任監督につき、相当の注意をしていたとはいえないとして、使用者責任を負うと判断された。

### 外井弁護士の視点

　Y社はそれなりの規模の企業で、就業規則にパワハラ禁止で懲戒処分の対象たり得ることも定められ、社内イントラネットでもセクハラ防止のためのコンテンツが用意されていたが、実際には殆ど機能していない状態にあった。Y2によるパワハラ行為につき、周囲はパワハラ的な指導が行われていることを見て見ぬふりをしていたのであり、Y1社は体裁を整えただけで、パワハラ撲滅の意思はなかったものと考えられる。実際には、形だけパワハラ防止を謳っていて、実質が伴っていない企業が非常に多いのは残念である。

**類型：b精神的な攻撃**（名誉毀損、侮辱、ひどい暴言、退職の勧奨）、

e 過小な要求（業務上の合理性なく，仕事を外されたこと）

〈キーワード〉
パワハラ防止措置は奏功せず

まとめ
- 被告Ｙ１社は建築工事会社，上司Ｙ２
- 社員Ｘは，営業職の社員
- Ｙ２によるパワハラ行為
- Ｘはうつ病，退社
- Ｙ１社は，パワハラ相談室を設置し，セクハラ・パワハラ防止規定があるにもかかわらず，Ｙ２に対して指導していない
- Ｙ２の不法行為責任，Ｙ１社の使用者責任（民法715）
- 賠償額
　　約168万円（うち慰謝料100万円，弁護士費用15万円含む）

**事例56** A住宅福祉協会理事ほか事件（東京地裁30年３月29日判決（労働判例1184号５頁））

　一般財団法人であるＹ１住宅福祉協会に勤務している原告Ｘは，長年勤務して調査役として活動してきたが，平成24年７月１日に，元の上司であったＹ２とＹ３が理事に就任した。Ｙ１協会は，平成24年12月20日に厚生労働省からＹ１協会が配当金を調整するために団体信用生命保険の請求時期に調整を行っているとの事実について回答を求められ，調整を行っていない旨の回答をしたが，Ｘは，平成25年１月中旬頃，厚労省に対して回答の内容が事実に反する旨を通報し，厚生労働省のヒアリン

グにおいても時期調整の事実がある旨を回答した。Y2とY3は，そのヒアリング直後に，Xに対して，「身の振り方を考えてください。」，「返事がないの，業務命令違反になっちゃうよ。」，「悪いけど首だよ。」等と発言した。そして，Y1協会は，平成25年2月28日に同年3月31日付で懲戒解雇をする意思表示をした。Xは，懲戒解雇は無効であるとして訴訟を提起し，一審東京地裁，控訴審東京高裁のいずれも懲戒解雇を無効とし，Y1協会がなした上告受理申立も受理されなかった。

　その上で，Xは，Y2・Y3らによる一連の言動をパワーハラスメントに当たるとして不法行為に基づく損害賠償請求をし，Y1協会に対しても使用者責任を求めた。判決は，Y2，Y3の「身の振り方を考えて下さい」，「返事して下さい」，「これ，業務命令ですよ。」，「働けないという前提でどうしますか。」などと言った発言を，「侮辱的な言辞や威圧的な言辞を繰り返し用いて退職を強要しようとする内容と言わざる得ず，いずれも名誉感情を侵害するものであって，職場における部下に対する発言として，社会通念上許される限度を超える侮辱的行為であるというべきであるから，Xの人格的利益を侵害する不法行為に当たるというべきである。」として不法行為責任を認め，Y1協会についても使用者責任を認めた。賠償額は，Y2は40万円，Y3は40万円，Y1協会は50万円であった。

### 外井弁護士の視点

　Y1協会が厚生労働省に虚偽の回答をしていたところ，Xがそれが事実でない旨を厚生労働省に通報したためにY1協会が不利な取扱いを受けた報復としてなされたパワハラ行為である。外部に真実を告げることが，その組織内部の者たちを裏切る行為と誤解され，パワハラ行為を受けることはしばしば起こりうることである。それ故にこそ，公益通報制度はあるが，未だに有効に機能していないように思われる。

**類型：b 精神的な攻撃**（退職勧奨，名誉毀損，侮辱）

〈キーワード〉
身の振り方を考えて下さい

**まとめ**
- 被告Ｙ１住宅福祉協会，被告Ｙ２，Ｙ３はＹ１協会の理事
- 原告Ｘは調査役
- Ｙ２，Ｙ３らから厚労省に対する通報の報復としてＸに対する懲戒解雇したが無効
- Ｙ２，Ｙ３らのＸに対する，「身の振り方を考えて下さい。」，「返事がないの，業務命令違反になっちゃうよ」，「これは，業務命令ですよ」，「働けないという前提でどうしますか。」との発言は，不法行為
- Ｙ１協会は使用者責任（民法715）
- 賠償額：慰謝料
　　Ｙ２は40万円，Ｙ３は40万円，Ｙ１協会は50万円

**事例57** 関西ケーズデンキ事件（大津地裁平成30年５月24日判決（労働経済判例速報2354号18頁））

　原告らは自殺した元従業員亡Ａの妻と長男であり，被告Ｙ社は，電機製品，石油器具，ガス器具等の修理販売を目的として家電量販店を経営している会社である。Ｙ社は，亡Ａに対して，不適正なリサイクル値引き，取寄せ部品の勝手な値引き並びに顧客の修理代金の立替払い，自身での配達の３件につき注意書を作成させた。その上で，Ｙ社は，亡Ａに対して価格調査業務への配置換えを命じた。その価格調査業務とは，競

合店舗において，店舗に展示されている常用商品11品目について，メーカー名，型番，価格を記録する作業を行い，本件店舗に展示している商品・売価と突き合わせながら，調査アイテムを絞りこんだ対象商品リストを作成するというものであり，かかる対象商品リストを作成するまでには，概ね数か月毎日2〜3時間程度競合店舗において価格調整業務を行うことが想定されていた。

判決は，3件についての注意書を提出させる必要性は認めたものの，亡Aに打診した価格調査業務はY社の親会社が編成するマーケットプロジェクトチームの業務内容に匹敵する業務量であり，到底，亡A1人で対応できるものではなく，亡Aに対して過重な内容の業務を強いることになり，亡Aに対して，この業務に強い嫌悪感を示す亡Aに強い精神的苦痛を与えることになるものと判断した。従って，配置換えの指示は亡Aに対して業務の適正な範囲を超えた過重なものであって，強い精神的苦痛を与える業務に従事することを求める行為であるという意味で不法行為に該当すると判断した。

しかしながら，亡Aが自殺するということまでは予見できなかったとして自殺についてまで責任を問うことはできず，亡Aに対する強い精神的な苦痛を与えたという意味で金100万円を慰謝料額に止めた。

### 外井弁護士の視点

不適正な値引き等で3回注意書の作成を求められたこと，及び，適正な業務量を遙かに超える価格調整業務への配置替えがパワハラに当たるとして，配置替えを苦にして自殺した亡Aの遺族に対する賠償責任が認められたという事案である。確かに，配置替え先の価格調整業務が重労働であったとしても，いきなり自殺するとは唐突感は否めない。そのため，自殺については予見可能性はないと判断された。

**類型：b 精神的な攻撃**（注意書作成の強要），**d 過大な要求**（遂行不

可能なことの強制）

〈キーワード〉
過重業務への配置替え

---

**まとめ**

・被告Y社は家電量販店
・亡Aは社員
・原告X１，X２は亡Aの妻と長男
・亡Aに対する注意書を三度の提出は違法ではない
・亡Aを過重な価格調整業務に配置は違法である
・亡A自殺
・Y社の自殺の予見可能性無し
・賠償金額
　　慰謝料110万円（弁護士費用10万円を含む）

---

**事例58　共立メンテナンス事件**（東京地裁平成30年7月30日判決（労働経済判例速報2364号6頁））

　原告Xは，ホテルや飲食店を経営する被告Y１社に雇用され，平成20年4月1日から平成28年1月まで勤務した。その間，Xは，本社のホテル関係事業部，ホテル営業推進室，その後，現場のホテル勤務で，Aホテル，Bホテル，Cホテル，Dホテルを転々とし，平成26年6月に本社業務企画室の修繕・清掃チームに配属され，客室のメンテナンス業務を行うようになり，平成27年5月初旬に，新たにできた清掃スーパーバイザーチームに加わり，上司は被告Y２であった。

平成27年7月10日，Xはその6日後にリニューアルオープンするCホテルで，清掃用具の運搬等を行っていたが，当日の午後8時頃，指示された仕事が終了しないので，まだ時間がかかるために上司Y2に連絡し当日の業務を切り上げて良いかと確認した。ところが，Y2からは業務を完了させてから帰るようにと指示を受けたが，午後10時7分に，Y2にはメールをして業務を完了しないまま，その日の作業を終了した。ところが，7月11日に出勤し，Y2らとともに作業を開始し，Xが7階の客室にいたところ，Y2が7階をやっていないではないかと等と述べてXを強く非難し，Xの両手をつかんで前後に揺さぶる暴行を加えた。

その後，Y2はXが作業をしていた7階の客室に来て，Xに対して明らかに恫喝するような口調で，非常用ポリタンクの置き場について昨日自分が指示した場所と違う場所においてある旨を指摘し，仕事をちゃんとやっているのかと何度も詰問し，Xが反論せずにいるにもかかわらず，Xを壁に押し付けつつ，「（自分の言ったことを）やれよ。」，「分かったか。」等と繰り返しXに迫り，壁にXの体ごと押し付け，体を前後に揺さぶる暴行を加え，この暴行から逃れようとしたXが壁に頭部をぶつけるなどした。

Xは110番通報した上で近隣の交番に駆け込んだ。そして平成27年7月11日に病院で診察を受け，後頭部打撲，頸椎捻挫の診断を受けた。そして，その後7月15日に心療内科の診断を受け，錯乱状態や不眠症の症状を訴え，適応障害の診断を受けた。そして，XはY1社を休業したが，Y1社は，平成27年10月7日になって平成27年7月12日に遡ってXを休職とし，休職期間の満了日は平成28年1月11日とした。Xは休職を続けて，平成28年1月12日まで復職せず，Y1社はXを退職扱いにした。

Xは，平成27年7月11日のCホテルでのY2からの暴行を受けたことのみならず，その前からのBホテルでの業務，Cホテルでの業務，Dホ

テルでの業務についても上司らからパワハラを受けていたと主張し，さらに，Ｙ２の暴行により適応障害になり，業務上の傷病として退職は無効であると主張した。なお，労災保険は適応障害につき，業務上の疾病として認めている。

判決は，Ｘが平成27年7月11日より前のパワハラと主張する行為につき，パワハラと認めるに足りる証拠はないと判断した。7月11日におけるＹ２による暴行については，その恫喝口調や行為態様からして，その言動は業務指導の範囲を逸脱していると言わざるを得ないとし，Ｙ２の行為は，Ｘに対する不法行為を構成することは明らかとした。そして，賠償金額は，Ｙ１社，Ｙ２連帯して金20万円とした。

そして，Ｙ１社の休職期間満了による退職扱いについては，判決は，前述のように労基署長の業務上の判断にもかかわらず，「行政庁の上記判断が裁判所の判断を拘束する性質のものでないことはいうまでもないところであるし，前記の通り，Ｙ２の暴力行為は本件事件当日のみのことであるし，Ｘの受けた傷害の程度が外傷を伴わないものでさほど重いものとはいえないことなどを考慮すると，上記労災医員の意見を過度に重視することは相当ではない。」として，Ｙ１社の行った退職扱いが労基法19条1項により効力を生じないというＸの主張は，前提を欠くものとして，休職期間満了退職を有効と判断した。

### 外井弁護士の視点

上司Ｙ２の注意が恫喝であること，両手を掴んで前後に揺さぶる暴行や体を壁に押しつける暴行をパワハラと認定した。Ｘはその後，精神疾患に罹患しており，労災の認定もされ，その損害は大きいといえるが，賠償金額は少ない。

**類型：a 身体的な攻撃（暴行），b 精神的な攻撃（恫喝行為）**

〈キーワード〉
両手を掴んで体を前後に揺さぶる暴行

まとめ

・被告Y1社は、ホテルや飲食店の経営会社
・清掃スーパーバイザーチームの上司Y2によるパワハラ
・原告Xは社員
・Y2がXを非難して両手をつかんで前後に揺さぶる暴行、Xを壁に押し付け「やれよ」「わかったか」と告げる
・Xは後頭部打撲、頚椎捻挫
・その後、Xは、不眠症、適応障害、休職扱い
・Y2は不法行為、Y1社は使用者責任（民法715）
・休職期間満了の退職扱い
・休職期間満了退職は有効
・賠償額　慰謝料20万円

事例59　ゆうちょ銀行（パワハラ自殺）事件（徳島地裁平成30年7月9日判決（労働判例1194号49頁））

　原告Xは、亡Aの妻であり、唯一の相続人である。亡Aは、平成9年4月に、当時の郵政省に採用され、平成19年10月の郵政民営化に伴い当時の郵便局株式会社の従業員となり、平成23年4月から銀行部門であるY社の従業員となり、地域センターお客様サービス課で勤務した。平成25年7月1日付で貯金事務センターの貯金申込課主任となり、運行担当の業務に従事していたが、平成27年6月に、自宅で自殺した。

業務センターの運行担当の主な業務は，国債に関する業務，年金・恩給に関する業務などであり，郵便局との電話応対もあった。貯金申込み課の課長はEであり，課内の運行担当には，係長としてB，主査C，Dがいた。

原告Xは，亡Aが自殺をしたのは，C，Dが亡Aにパワハラを行い，BとEはその防止策をとらなかったのであるから職場環境配慮義務違反があったからであるとし，Y社に対して民法715条の使用者責任を負うとして，損害賠償請求をした。

(1) 上司C，Dのパワハラ行為の有無

確かに，C，Dは，日常的に亡Aに対し，強い口調の叱責を繰り返し，その際，亡Aのことをニックネームで呼び捨てにするなどしており，部下に対する指導としての相当性に疑問があると言わざるを得ない。パワハラと主張されているC，Dの行為としては，①ニックネームの名前の呼び捨て，②日常的に「こんな仕事もできんのか。」と暴言を浴びせる，③職場を動き回っている亡Aに対して大声で「バタバタうるさい。」と怒鳴る，④亡Aが同僚と私語をしていると「うるさい」と複数回怒鳴りつける，⑤Cは体調が悪いと日常的に言っていたが「亡Aが隣におるだけで嫌」，「精神的に体が受け付けん。」と暴言を吐いた，⑥C及びDは亡Aに対し，「あれで大学出てる，仕事できんなあ，仕事できると頭がいいのは違うな」と陰口をいい，亡Aを無能呼ばわりした，⑦C及びDは亡Aに対し仕事をミスして周囲に迷惑を掛けた者が書く「ありがとうシート」を大量に書かせた，⑧他の職員が亡Aが死にたいといっている旨を告げてもCとDは，「死ね」，「勝手に死ね」と述べた，というものである。

これらの行為に対して，判決は，部下の書類作成のミスを指摘し，改善を求めることはY社における社内ルールであり，主査としての両名の義務であるうえ，亡Aに対する叱責が日常的に継続したのは，亡Aが頻

繁に書類作成上のミスを発生させたことによるものであって，CやDが何ら理由無く亡Aを叱責していたというような事情は認められない。C及びDの亡Aに対する具体的な発言内容は亡Aの人格的非難に及ぶものとまではいえないことや，他の者の業務に支障が出ないように静かにすることを求めること自体は業務上相当な指導の範囲内であるといえることからすれば，CやDの亡Aに対する一連の叱責が，業務上の指導の範囲を逸脱し，社会通念上違法なものであったとまでは認められない。

　また，自身の体調不良の原因が亡AにあるなどとするCの発言や，CやDの亡Aの事務処理能力を揶揄するような発言は，いずれも亡Aに対しなされたものではなく，CやDの発言を亡Aが知っていたことを認めるに足りる的確な証拠はないから，これについて，C及びDが亡Aに対し何らかの不法行為責任を負うものとまでは認められない。

(2)　Y社の安全配慮義務違反

　貯金申込課の課長であるEは，亡AがCやDから日常的に厳しい叱責を受け続けるとともに，CやDが亡Aに対する不満を述べていることも知っており，亡Aが県の地域センターへの転勤を希望し，その後も継続的に異動を希望していたが，貯金事務センターに赴任後の2年間で約15キロも体重が減少するなどEが気に掛けるほど亡Aが体調不良の状態にあることは明らかであった上，平成27年3月には，Eは他の社員から亡Aが死にたがっている等と知らされていた。

　そうすると，少なくとも課長Eにおいては，亡Aの体調不良や自殺願望の原因がCやDとの人間関係に起因するものであることを容易に想定できたものといえるから，Eとしては，亡Aの執務状況を改善し，亡Aの心身に過度の負担が生じないように，同人の異動を含めてその対応を検討すべきであったといえるところ，係長Bや課長Eは，一時期，亡Aの担当業務を軽減したのみで，その他には何らの対応もしなかったのであるから，Y社には，亡Aに対する安全配慮義務違反があったというべ

きである，と判断した。Y社の負担すべき賠償額は，約金6,142万円であった。

### 外井弁護士の視点

　Y銀行の職員で貯金センター勤務の亡Aが，業務上のミスが多かったために，上司で席が近接している主査であるCとDから数多くの叱責を受けて，自殺をしたという事案であり，CとDの行為は決して褒められるものではないが，人格権の非難とまではいえず，違法ではないとしてパワハラ行為とは判断しなかった。

　他方で，判決はY社の安全配慮義務違反を認めている。CやDの行為がパワハラには該当しないことは認定するものの，それが厳しい叱責であることは認識しており，他方で，亡Aが転勤を希望していること，体重が15キロも痩せていること，死にたいと他の職員にぼやいていたこと等からすると，亡Aは相当に精神的にも肉体的にも参って落ち込んでおり，そのことは同じ職場にいる課長であるEとしては十分に理解できたわけであるから，うつ病になっていたか否かは定かではないものの，真摯に相談に乗るとか，精神科の医師に診断させる機会を設けるとか，主査であるC及びDに対して厳しい叱責を抑えるように指示するとか，可能であれば配置換えをしてやるとか，いろいろ工夫して亡Aの健康面の保全を図るべきであったという趣旨であろうと思われる。パワハラではないけれども，叱責されて落ち込んでいる社員亡Aにつき，一定の配慮をすべきであるというのは不自然ではないが，やや理論構成としてはすっきりしない。

　C及びDの叱責等の発言については，亡Aの人格的非難に及ぶものではないという認定ではあるが，一つ一つの叱責ではそれ程のことはないであろうが，その回数も多く大きな声での叱責であり，パワハラであったとの認定も可能であったものと思われる。

賠償金額は，約6,142万円と相当高額になっているが，その内の慰謝料2,000万円は安いといえ，2,500万円位が相場ではないであろうか。

本件はパワハラとは認定されていないが，仮にパワハラとした場合の類型としては，b精神的な攻撃（ニックネームの名前の呼び捨て，仕事ができない等の無能呼ばわり，勝手に死ねとの発言）が考えられる。

＜キーワード＞
名前（ニックネーム）の呼び捨て
「こんな仕事もできんのか」
「死ね，勝手に死ね」

まとめ

・亡Ａ：Ｙ社（ゆうちょ銀行）社員
・原告Ｘは，妻（遺族は妻のみ）
・国債に関する業務，年金・恩給に関する業務
・加害者は，上司である主査Ｃ，Ｄ
・加害者Ｃ，Ｄの責任否定
・Ｙ社の安全配慮義務違反肯定
・賠償額（安全配慮義務違反）
　　約6,142万円（うち慰謝料2,000万円含む）

事例60　**大島産業事件**（福岡地裁平成30年9月14日判決（労働経済判例速報2367号10頁））

原告Ｘは，被告Ｙ１社で長距離トラックの運転手をしていた。
Ｘは平成25年6月30日に大分に配送した帰路に温泉に立ち寄ったため

に帰社が遅れた。それに立腹した事実上の代表取締役Ｙ２は，Ｘの頭頂部及び前髪を刈り，さらに，洗車用スポンジで頭部を洗髪し，最終的には丸刈りにした。さらに，Ｘは，Ｙ２が見守る中，他の従業員から下着姿にさせられた上，洗車用の高圧洗浄機で至近距離から噴射され，洗車用ブラシで身体を洗われた。

　平成25年９月16日，Ｙ２は，Ｘに対し，下着１枚になって川に入るように命じ，他の従業員に対し，Ｘにロケット花火を発射するように命じて至近距離からＸに向けて発射させた。Ｘは逃げ出したが，Ｙ２は従業員らに石を投げさせた。

　平成25年10月上旬，Ｘは，会社から失踪した後に復職を認めて貰おうとＹ１社に戻った際，常務取締役に指示されて社屋入口前で，Ｙ２が出社するまで土下座させられた。Ｙ２は出社したが，土下座を止めさせることはなかったので，Ｘはその後も数時間土下座を続けた。Ｙ２のブログには，Ｘが半裸になって花火の発射を受けながら川の中に入っている姿の写真が８枚掲載されていた。また，土下座している写真も２枚掲載されていた。

　判決は，Ｙ２が行った行為はＸに対する人格権侵害の行為，あるいは，土下座についてもＹ２はＸが自発的な意志で行ったものではないことは判ったはずであり，にもかかわらず，土下座を制止していないことはＹ２の指示で土下座していると同視できるとして，Ｙ２の行為は不法行為であり，Ｙ２は事実上の代表取締役であるので，Ｙ１社は会社法350条の類推適用により，賠償責任を負うものと判断された。

　さらにＹ２のブログ記事は，他人が閲覧すればＸの名誉を毀損する内容であり，記事が掲載されることによってＸの名誉を毀損するものであるとして，Ｙ２の行為は不法行為であるとした。そのため，同じく350条の類推適用により，Ｙ１社は責任を負うとされた。

## 第3 パワーハラスメントに関する裁判例の解説

> **外井弁護士の視点**
>
> Xの残業代等の未払い賃金請求と併せてなされたパワハラによる損害賠償請求事件である。本事例もかなりひどいパワハラではあるが，慰謝料は100万円（弁護士費用は別に10万円）と低額であった。
>
> **類型**：a身体的な攻撃（丸刈り，ロケット花火の攻撃，土下座の強要），b精神的な攻撃（ブログ記事）

〈キーワード〉
- 丸刈り
- ロケット花火
- 下着姿
- 高圧洗浄機による噴射
- 長時間の土下座

---

**まとめ**

- Y1社はトラック運送会社，Y2は事実上の代表取締役，Xは長距離運転手
- 丸刈り，ロケット花火噴射，石投げ，高圧洗浄機による噴射，長時間の土下座
- Y2の不法行為責任，Y1社の会社法350条の類推適用による損害賠償責任
- 賠償額

    慰謝料110万円（弁護士費用10万円を含む）

## 2　パワハラの労災事例

### 1．パワハラ被害についての労災保険の適用

　パワハラによる労災保険の業務上外が争われる事件は、殆どが、パワハラによる被害が高じて、適応障害やうつ病になり、場合によっては自殺に至るというものである。その意味では、長時間などの過重労働による適応障害・うつ病等の精神疾患なのか、パワハラによる精神疾患なのか、両者の混合した要因による精神疾患なのか判然としない場合がある。そのため、労災の業務上外の訴訟においては、判決になった場合にはパワハラを原因とするものか、過重労働を原因とするものか、必ずしも明確でないものが多い。
　このように、労災保険適用の業務上外訴訟の事件分類をする場合にも、広く精神疾患又は精神疾患による自殺として捉えられ、精神疾患の原因がパワハラか、長時間などの過重労働等かはなかなかは判断が難しい。それもあってか、パワハラを原因とする労災保険の業務上外の判断に係る判決とされるものは多くはない。

## ③ 労災認定の場合の判断基準

### 1．基準変更の推移

　労災申請をした場合には，現在は，労災の認定基準（「心理的負荷による精神障害の認定基準」平成23年12月26日基発1226号第１号）に基づいて判断される。それ以前は，判断指針（「心理的負荷による精神障害等に係る業務上外の判断指針」平成11年９月14日付基発第544号）によって判断されていた。ただし，平成11年の判断指針ではハラスメントについては特に注意するべきところがあるという理由から，セクハラについては，平成17年12月１日付で，「セクシュアルハラスメントによる精神障害等の業務上外の認定について」（平成17.12.1基労補発第1201001）が発出された。また，パワハラについては，平成20年２月６日に「上司の「いじめ」による精神障害等の業務上外の認定について」（平成20.2.6基労補発0206001）が，さらに，平成21年４月６日に，平成11年の旧判断指針を一部改訂した通達（平成21.4.6基労補発0406001）が出された。

### 2．認定基準の内容

　認定基準は，従前の判断指針の考え方の基本を引き継ぎ（平成11年の判断指針は廃止になっている），３つの要件を定めている。その３つと

は，以下の①〜③である。
① 対象疾病に該当する精神障害を発症していること。
② 対象疾病の発症前おおむね6か月の間に，業務による強い心理的負荷が認められること。
③ 業務以外の心理的負荷及び個体側要因により対象疾病を発病したとは認められないこと。

このうち，②は「業務による心理的負荷評価表」により具体的な事実を類型化された出来事に当てはめて心理的負荷の強度を「強」，「中」，「弱」に区分し，強，中，弱のいずれに該当するかを判断する。

このうち，セクハラはセクシュアルハラスメントという大項目⑥があり，セクハラの内容によって弱，中，強の例に分かれている。

パワハラについては，独立した大項目はないが，⑤対人関係という大項目があり，項目としては，「(ひどい) 嫌がらせ，いじめ，又は暴行を受けた」，「上司とのトラブルがあった」，「同僚とのトラブルがあった」，「部下とのトラブルがあった」，「理解してくれていた人の異動があった」，「同僚等の昇進，昇格があり，昇進で先を越された」という小項目がある。まず，これに該当するか否か，その上で，弱，中，強のいずれに該当するかを判断することになる。これで心理的負荷が「強」と判断されれば，原則として，業務上と判断されることになる。

## 3．行政取消訴訟の判断基準

ハラスメントによる精神疾患等の発症につき労基署長の判断が業務外という場合には，請求者は，都道府県労働局労災補償保険審査官に審査請求を，労働保険審査会に対して再審査請求を行うことができるが，いずれも棄却となった場合には，原処分である労基署長の不支給決定に対して，その不支給処分の取消を求める行政取消訴訟を提起することがで

きる。

　前述の旧判断指針や認定基準は厚労省内部の通達であるから労基署長の判断や労災補償保険審査官を拘束するものであるが，労働保険審査会や裁判所を拘束するものではない。しかしながら，労働保険審査会でも，また，行政取消訴訟の裁判所もこの認定基準に則するか，または，極めてそれを尊重した判断が為されているのが実情であるので，認定基準は極めて大きな影響力を持っていると言える。

## ４　パワハラに関する行政取消訴訟

　ここでは，パワハラにより精神障害，自殺の労災保険の業務上外が争われた事例について紹介する。

**事例１　静岡労基署長（日研化学）事件**（東京地裁平成19年10月15日判決（労働判例950号５頁））

　製薬会社の営業担当者（MR，当時35歳）が，うつ病になって自殺したが，それを直属の上司の暴言が原因として，労基署長の業務外（労災に当たらず）の判断を取り消し，遺族補償の不支給決定も取り消した事案である。
　内容は，上司が被災者本人に対して「存在が目障りだ。御願いだから消えてくれ。」，「お前は会社を食い物にしている。給料泥棒。」，「お前は対人恐怖症やろ。」等と発言したことが原因となり，適応障害，うつ病

となり自殺したというものである。

判決は、上述の通り不支給決定を取り消して業務上の判断を下した。

### 外井弁護士の視点

部下である労働者からすれば相当に強烈な発言である。しかも長期間継続したようであり、それが元になってうつ病、自殺を引き起こしたと見られるので業務上の判断は当然と言える。

〈キーワード〉
「存在が目障りだ」
「給料泥棒」

### まとめ

- 製薬会社勤務
- 亡Aは営業担当者（MR）
- 上司が「存在が目障りだ。御願いだから消えてくれ。」、「お前は会社を食い物にしている。給料泥棒。」、「お前は対人恐怖症やろ。」と発言
- 適応障害、自殺
- 業務上の判断

### 事例2　名古屋南労基署長（中部電力）事件（第一審：名古屋地裁平成18年5月17日判決（労働判例918号14頁）、控訴審：名古屋高裁平成19年10月31日判決（労働判例954号31頁））

電力会社の技術職員が、一般職の最高職級の主任に昇格したが、本人は仕事の量・質共に主任になることに不安を抱いていた。昇格後に、自

分の仕事に追われて部下に対して指導できなかったことについて，その上司は，主任昇格に際して能力に不足するということを明記させ，昇格後の業務についても全面的に責任を負うという内容の文書を書かせた。さらに，上司は「主任失格」，「お前なんか，いてもいなくても同じだ」と発言し，結婚指輪を身につけることが集中力の低下につながるとして執拗に外せと命令した。その後当該技術職員はうつ病に罹患して，自殺したという事案である。

判決は，不支給決定を取り消して業務上の判断を下した。

### 外井弁護士の視点

典型的なパワハラの事案であり，この上司の行為により，うつ病に罹患して自殺したのは自然の流れであって，業務上の判断は当然である。

〈キーワード〉
主任昇格に際して能力不足と明記させる
「お前なんかいてもいなくても同じだ」
結婚指輪を外させる

### まとめ

・勤務先は電力会社
・原告は亡Aの配偶者
・技術職員であった亡Aは主任に昇格して精神的に不安な状態
・上司が，昇格後の業務について全面的に責任を負うという文書提出の強要，「主任失格」，「お前なんかいてもいなくても同じ」と発言，結婚指輪を外せと強要
・亡Aは，うつ病罹患，自殺
・業務上の判断

**事例3** 京都下労基署長（富士通）事件（大阪地裁平成22年6月23日判決（労働経済判例速報2086号3頁））

> 総合職で入社した女性社員Xが，他の女性社員（一般職）より職務等級が高いことから他の女性職員からのねたみにより，複数の女性の同僚から繰り返し，陰湿ないじめ，嫌がらせを受けた事案である。
> 
> 判決は，同僚の女性社員のいじめや嫌がらせは個人が個別に行ったものではなく，集団で，しかもかなりの長期間継続してなされたものであり，その態様もはなはだ陰湿であり常軌を逸した悪質なひどいいじめ，いやがらせともいうべきものであって，それによってXが受けた心理的負荷の程度は強度であるといわざるを得ないと判断した。Xは上司に相談したが，適切な措置が採られないまま不安障害，抑うつ状態という精神障害を発症し，休職になった（自殺はしていない）。

#### 外井弁護士の視点

判決は，不支給決定を取り消して業務上の判断を下した。女性同士の社員の地位の格差が原因で，総合職の女性に対するねたみ，嫌がらせ等により集団でパワハラを繰り返しており，それが原因で精神障害を発症することは不自然ではなく，業務上の判断は妥当である。

〈キーワード〉
　総合職と一般職の格差とねたみ

#### まとめ

・勤務先は大手電機メーカー
・総合職の女性社員X
・同僚で地位は下である他の一般職の女性社員からの集団的ないじめ，

第3　パワーハラスメントに関する裁判例の解説

- 嫌がらせ
- ・上司の対応策無し
- ・精神障害，休職
- ・業務上の判断

**事例4**　地公災基金愛知県支部長（A市職員・うつ病自殺）事件（名古屋高裁平成22年5月21日判決（労働判例1013号102頁））

> 市役所の職員であり，真面目で几帳面であった者が，エリート部長の下に配属された。その部長は「ばかもの」，「おまえらの給料は多すぎる」等と感情的に部下を叱りつけ，部下の個性や能力に配慮せず，人前で大声を出して反論を許さない高圧的な叱り方をすることがしばしばあったが，その課長も不安になり，自宅で，仕事を辞めてもいいか，仕事がわからない，眠れない等と発言し，不眠と食欲不振等が続き，うつ病による自殺念慮からロープで縊死したという事案である。
> 　一審判決（名古屋地裁平成20年11月27日判決，労働判例1013号116頁）は公務外（労災に当たらず）としたが，控訴審判決はそれを覆し公務上（労災認定）とした。
> 　なお，上告審（最高裁二小平成24年2月22日決定）では，上告棄却，上告受理申立不受理となっている。

**外井弁護士の視点**

　他の職員の前で理詰めで高圧的な叱り方をするエリート部長の下に配属された部下は気の毒であり，この事案も強烈なパワハラである。そのパワハラを原因とするうつ病自殺は不自然ではなく，公務上の判断は妥当であろう。

〈キーワード〉
「ばかもの」
「おまえらの給料は高すぎる」

### まとめ

・被告地公災基金愛知県支部長
・被災者亡Aの妻が原告
・市役所職員である課長亡A
・上司エリート部長によるパワハラ
・うつ病・自殺
・公務上の判断

# 第4

# パワーハラスメント規制の法制化

# 1 パワハラ規制の法制化へ

## 1．法制化への経緯

　パワハラに対する行政対応については，第2③5(1)(p.67)でもふれたが，「職場のパワーハラスメントの防止対策についての検討会」の平成30年3月30日の報告を受け，平成30年11月6日に「労働政策審議会雇用環境・均等分科会」が開催され，パワハラ，セクハラ，マタハラ等の防止対策等に関する主な論点が示された。

　さらに，同分科会は，平成30年11月19日に，職場のパワーハラスメント対策として，企業に防止措置を義務付ける方針を示した。

　そして，労働政策審議会の雇用環境・均等分科会は，平成30年12月14日に報告書を出し，それを受けて厚労省は，平成31年2月14日に法律案要綱を策定し，労働政策審議会に諮問した。

　第198回通常国会に，「女性の職業生活における活躍の推進に関する法律等の一部を改正する法律案」の一部として「労働施策の総合的な推進並びに労働者の雇用の安定及び職業生活の充実等に関する法律」(以下「労働施策総合推進法」という)」の一部改正法案が提出され，平成31年4月25日に衆議院本会議で可決され，令和元年5月29日に参議院本会議で可決成立し，6月5日に公布された。

　なお，セクシュアルハラスメント，マタニティハラスメントについても，同時に男女雇用機会均等法，育児介護休業法の改正がなされたの

で，併せて紹介する。

## ２．パワハラ規制（労働総合施策推進法の改正）の視点

　パワーハラスメントに関する規制は，前述の通り，労働施策総合推進法（旧雇用対策法）の改正によって行われた。

　それに先立つ平成30年12月14日の雇用環境・均等分科会の報告書では，法律の関与の仕方として，次の６点を指摘していたが，その内容が多く反映された内容になっている。

　その６点とは次の①～⑥のとおりである。

---

①　事業主に対するパワハラ防止のための措置を法律で義務づけること
　職場のパワーハラスメントを防止するために，事業主に対して，その雇用する労働者の相談に応じ，適切に対応するために必要な体制を整備する等，当該労働者が自社の労働者等からパワーハラスメントを受けることを防止するための雇用管理上の措置を講じることを法律で義務づけることが適当である。

②　事業主に対するパワハラの定義や講ずべき措置の内容を示す指針の策定
　事業主に対して措置を義務づけるに当たっては，男女雇用機会均等法にもとづく職場のセクシュアルハラスメント防止のための指針の内容や裁判例を参考としつつ，職場のパワーハラスメントの定義や事業主が講ずべき措置の具体的内容等を示す指針を策定する事が適当である。

③　カスタマーハラスメントに対する対応の明確化
　取引先等の労働者等からのパワーハラスメントや顧客等からの著しい迷惑行為については，指針等で相談対応等の望ましい取組を明確にすることが適当である。また，取引先との関係が元請・下請関係である場合

があることや，消費者への周知・啓発が必要であることを踏まえ，関係省庁等と連携した取組も重要である。
④ パワハラに関する紛争解決のための調停制度，助言・指導等の措置の法制化
　男女雇用機会均等法に基づく職場のセクシャルハラスメント防止対策と同様に，職場のパワーハラスメントに関する紛争解決のための調停制度等や，助言や指導等の履行確保のための措置について，併せて法律で規定することが適当である。
⑤ 中小企業に対するコンサルティング，相談窓口の設置等
　その際，中小企業がパワーハラスメントの防止に関するノウハウや専門知識が乏しいこと等を踏まえ，コンサルティングの実施，相談窓口の設置，セミナーの開催，調停制度の周知，円滑な施行のための支援等を積極的に行うことが必要である。
⑥ 国の周知・啓発の義務
　職場のパワーハラスメントは許されないものであり，国はその周知・啓発を行い，事業主は労働者が他の労働者に対する言動に注意するよう配慮し，また，事業主と労働者はその問題への理解を深めるとともに自らの言動に注意するよう努めるべきという趣旨を，各々の責務として法律上で明確にすることが適当である。

## 3．パワハラ規制の内容

成立した法の内容は以下のとおりである。

① パワハラの定義
従前から課題となっていたパワハラの定義について，法律は，「職場

において行われる優越的な関係を背景とした言動であって，業務上必要かつ相当な範囲を超えたものによりその雇用する労働者の就業環境が害される」ものと定める（改正労働施策総合推進法30の2①，以下条文番号は改正後のもの）。

なお，パワハラ問題のことをこの法律では，「優越的言動問題」と呼んでいる。

### ② パワハラ防止のための措置の義務づけ

事業主にパワハラ被害を防止するために，法は，「……当該労働者からの相談に応じ，適切に対応するために必要な体制の整備その他の雇用管理上必要な措置を講じなければならない。」（同法30の2①）と定めた。

### ③ 指針の策定

事業主が講ずべき措置に関しては，厚生労働大臣は，「その適切かつ有効な実施を図るために必要な指針……を定めるものとする。」（同法30の2③）とされた。そしてその指針に関し，厚生労働大臣は，「指針を定めるに当たっては，あらかじめ，労働政策審議会の意見を聴くものとする」（同法30の2④），厚生労働大臣は，「指針を定めたときは，遅滞なく，これを公表するものとする。」（同法30の2⑤），指針の変更についても，同様に，事前に労働政策審議会の意見を聴くものとし，さらに，遅滞なく公表することに定められている（同法30の2⑥）。

### ④ 相談者や協力者に対する不利益取扱いの禁止

事業主は，「労働者が前項の相談を行ったこと又は事業主による当該相談への対応に協力した際に事実を述べたことを理由として，当該労働者に対して解雇その他の不利益な取扱いをしてはならない。」と定められた（同法30の2②）。

### ⑤ 国の責務

国は、パワハラに該当する言動を行ってはならないことその他の当該言動に起因する問題（優越的言動問題）に対する「事業主その他国民一般の関心と理解を深めるため、広報活動、啓発活動その他の措置を講ずるように努めなければならない。」と定められた（同法30の3①）。

### ⑥ 事業主の責務

事業主の責務として、「優越的言動問題に対するその雇用する労働者の関心と理解を深めるとともに、当該労働者が他の労働者に対する言動に注意を払うよう、研修の実施その他の必要な配慮をする」、「国の講ずる前項の措置（⑤の措置）に協力するように努めなければならない」と定められた（同法30の3②）。

また、事業主の責務として、「（法人である場合にあっては、その役員）自らも、優越的言動問題に対する関心と理解を深め、労働者に対する言動に必要な注意を払うように努めなければならない」と定められた（同法30の3③）。

### ⑦ 労働者の責務

労働者の責務としては、「優越的言動問題に対する関心と理解を深め、他の労働者に対する言動に必要な注意を払うとともに、事業主の講ずる前条1項の措置に協力するように努めなければならない。」と定められた（同法30の3④）。

### ⑧ 紛争解決の援助

パワハラ問題に関して、事業主と労働者との間の紛争が起きた場合には、個別労働紛争解決促進法の定めによることなく、本法に定める手続によることになる（同法30の4）。

その紛争手続としては，①都道府県労働局長による紛争解決の援助（同法30の5）と，②紛争調停委員会による調停（同法30の6）がある。

　ⅰ　都道府県労働局長による紛争解決援助
　都道府県労働局長は，優越的言動問題に関し，当該紛争の当事者の双方又は一方からその解決につき援助を求められた場合は，当該紛争の当事者に対し，必要な助言，指導又は勧告をすることができることとすること。その場合には，当該労働者に対して不利益取扱いをしないこと。

　ⅱ　調停
　都道府県労働局長は，優越的言動問題について，当該紛争の当事者の双方又は一方から調停の申請があった場合において当該紛争の解決のために必要があると認めるときは，紛争調停委員会に調停を行わせるものとすること。その場合には，事業者は，当該労働者が申請をした場合に，当該労働者に不利益な取扱いはしてはならないこと。
　その場合の調停の手続については，男女雇用機会均等法の19条～26条の規定を準用する（同法30の7）とともに，その他調停の手続に関し必要な事項は厚生労働省令で定めることとするものと定められた（同法30の8）。

### ⑨　事業主名の公表
　厚生労働大臣は，優越的言動問題につき事業主が雇用管理上必要な措置を講じなかった場合，相談を行った労働者又は相談への対応に協力した労働者に対して不利益扱いをする場合に，その事業主に対して，助言，指導，勧告をすることができるが，その勧告に従わなかった場合は，公表することができることと定められた（同法33②）。

⑩　報告の請求

厚生労働大臣は，事業主から優越的言動問題について雇用管理上必要な措置を講ずべきこと，相談に行った労働者相談の対応に協力した労働者に対する不利益取扱い禁止の措置につき，必要な事項について報告を求めることができることと定められた（同法36）。

⑪　罰則

⑩の報告をせず，又は虚偽の報告をした者は，20万円以下の過料に処することとすること（同法41）。

なお，取引先や顧客からのハラスメント（カスタマーハラスメント）については，今回の法改正では規制は見送りになっており，指針で定められる予定とされている。

## 4．法制化による影響

パワーハラスメントに対する規制と事業主の対応が，緩やかであるとはいえ法制化されたことで，今後，どのような影響を与えるかが関心のあるところであろう。ざっと思いつくものでも次の①〜④のような問題があるように思われる。

### ①　件数の増加と担当部門の負担の重さ

予想としては，パワハラがどのようなものであるかについての一応の定義づけがなされたことで，被害者と言われている者にとってはパワハラの被害を受けていると主張しやすくなったことは事実であり，相当にパワハラの実態が表面化してくることになると考えられ，企業の人事総務などの担当部門の負担は重くなるように思われる。

## ② 事実解明の難しさ

　他方で，企業の対応としては，労働者からの愁訴があってもそれだけでは結論が出るわけではなく，あくまでパワハラの端緒が認められるに過ぎず，具体的な解決をどのように行っていくのかという対応策については全く五里霧中といったところであろう。

　まず初めに，パワハラの有無，さらに具体的な内容について，加害者とされる者と被害者とされる者の主張が異なる場合に正しい事実認定を行うことが可能なのかどうかという点が重大である。この点は，セクハラの場合とは異なり，被害者とされる者の主張が概ね正しいであろうという推測は働きにくいために，企業としては大いに事実認定には苦しむであろう。その上で，パワハラの解決のための具体的な方法が模索されることになるのであり，どのような解決がより妥当であるのかにつき，十分な検討が必要となる。懲戒処分を科するか否か，人事異動を行うべきか否か，当事者に示談させるのがよいのか否か，示談させるにしても示談金はどのくらいにするのが妥当か等，おそらく相当に悩ましいに違いない。

## ③ 担当部門や調査委員会，第三者委員会などの組織構成の問題

　パワハラの調査や対応策につき，企業内のどこの部署が担当するのか，また，労働組合をどの程度関与させるのか，企業内で調査委員会を設けるのか（設けるとした場合にはその場合の構成員をどうするのか），第三者委員会を設けるのか（その場合に誰を委員に選任するのか）等を考えなくてはならない。

　さらには，調査委員会や第三者委員会を設ける場合にはそれらにどのような権限を与えるのかも考えなければならない。例えば，社内の担当部門からの情報を与えられた範囲内での判断権限なのか，独自の調査権限を与えるのか，さらに事実認定をした上で，さらに解決方法（懲戒処

分，異動等）についての決定権を与えるのか等を検討しておかなければならない。

なお，外部の専門家を参加させる第三者委員会の費用は相当に高額になることも考慮しておかねばならない。

#### ④ 今後の検討課題等

今回の法制化ではカスタマーハラスメント（取引先や顧客からのハラスメント）問題には，言及せずにペンディングのままの状態である。

なお，セクハラについては，セクハラ指針（「事業主が職場における性的な言動に起因する問題に関して雇用管理上講ずべき措置についての指針」（平成18年10月11日厚労告示615号）において，セクシャルハラスメントの行われる場所である「職場」とは，「取引先の事務所，取引先と打ち合わせをするための飲食店，顧客の自宅等であっても，当該労働者が業務を遂行する場所であればこれに該当する。」としての取引先の担当や顧客がセクハラを行った場合にも事業主は対応義務があることが指針で定められていることからすると，パワハラについても同様の対応は可能ではなかったかと思われる。なお，この点については，今後，策定される予定の指針の中で対応する予定であると推察される。今回の改正によって成立した改正均等法11条3項では，「事業主は，他の事業主から当該事業主の講ずる職場における性的言動問題に関する雇用管理上の措置の実施に関し必要な協力を求められた場合には，これに応じるように努めなければならない。」と定められたのもこの趣旨であろう。

## 5．まとめ

以上のように，今回の法改正によるパワハラの規制は，パワハラ対策の簡単な制度の枠組みを作っただけのことであり，どのような形態のパ

ワハラが発生するのか、それに対してどのように対応すればよいのか、事後の措置をどうするか等について何らの回答は示されていない。

　要は、その部分については、企業はそれを考えだして規則や組織を構築していくことが必要であるし、さらに、事案に応じた適切な調査と対応が必要となるがこれも何も定められているのではなく、自分たちで考えて生み出していかなければならない。そのことは決して容易ではなく、相当な工夫と経験を有するものといえる。

　このように、法規制が一応できたからといって、パワハラに対する対応策は全く何も定まっていないに等しい。その意味では、法制度ができた現時点ではパワハラ対策がようやく出発できる状況に立ったというにすぎず、これからが正念場である。企業が参考にすべきものとしては、企業同士の情報の交換やこれまでの裁判例しかないのである。今後は積極的に企業間で工夫した規則や組織に関して情報交換しておくことは有用である。それがないときには、結局公開される裁判例を見るしかない。その意味で、裁判例を分析・研究する価値は極めて大きい。是非とも本書の裁判例の紹介部分を熟読して活用して戴きたいと考える次第である。

## 2 その他のハラスメント関係の改正

　その他のハラスメントであるセクハラ、マタハラに関する改正もパワハラ規制と同じ法案で、パワハラ規制と同時期に可決成立しており、簡単にその内容を紹介する。

## 1. セクシュアルハラスメント規制に関する男女雇用機会均等法の改正内容

① 事業主は，労働者が職場における性的な言動に起因する問題（性的言動問題）に関する相談を行ったこと又は事業主によるその対応に協力した際に事実を述べたことを理由として，当該労働者に対して解雇その他の不利益な取扱いをしてはならないことと定められた（改正均等法11②）。

② 事業主は，他の事業主から当該事業主の講ずる職場における性的言動問題に関する雇用管理上の措置の実施に関し必要な協力を求められた場合には，これに応じるように努めなければならないことと定められた（同法11③）。

③ 国は，性的な言動問題に対する事業主のその他国民一般の関心と理解を深めるため，広報活動，啓発活動その他の措置を講ずるように努めなければならないと定められた（同法11の2①）。

④ 事業主は，性的言動問題に対するその雇用する労働者の関心と理解を深めるとともに，当該労働者が他の労働者に対する言動に必要な注意を払うよう，研修の実施その他の必要な配慮をするほか，国の講ずる③の措置に協力するように努めなければならないと定められた（同法11の2②）。

⑤ 事業主（その者が法人である場合にあっては，その役員）は，自らも当該性的言動問題に対する関心と理解を深め，労働者に対する言動に必要な注意を払うよう努めなければならないと定められた（同法11の2③）。

⑥ 労働者は，当該性的言動問題に対する関心と理解を深め，他の労働者に対する言動に必要な注意を払うとともに，事業主の講ずる職場に

おける性的言動問題に関する雇用管理上の措置に協力するように努めなければならないと定められた（同法11の2④）。

## ２．マタニティハラスメント規制に関する男女雇用機会均等法の改正内容

① 労働者が職場における妊娠，出産等に関する言動に起因する問題（以下「妊娠・出産等関係言動問題」という）に関する相談を行い，又は事業主による当該相談への対応に協力した際に事実を述べた場合について，当該労働者に対して解雇その他の不利益取扱いをしてはならないと定められた（改正均等法11の3②）。

② 国は，労働者の就業環境を害する妊娠・出産等関係言動問題に対する事業主その他国民一般の関心と理解を深めるため，広報活動，啓発活動その他の措置を講ずるよう努めなければならないと定められた（同法11の4①）。

③ 事業主は，妊娠・出産等関係言動問題に対するその雇用する労働者の関心と理解を深めるとともに，当該労働者が他の労働者に対する言動に必要な注意を払うよう，研修の実施その他の必要な配慮をするほか，国の講ずる②の措置に協力するように努めなければならないと定められた（同法11の4②）。

④ 事業主（その者が法人である場合にあっては，その役員）は，自らも，妊娠・出産等関係言動問題に対する関心と理解を深め，労働者に対する言動に必要な注意を払うように努めなければならないと定められた（同法11の4③）。

⑤ 労働者は，妊娠・出産等関係言動問題に対する関心と理解を深め，他の労働者に対する言動に必要な注意を払うとともに，事業主の講ずる措置（同法11の3①）に協力するよう努めなければならないと定め

られた（同法11の4⑤）。
⑥ 事業主は，職場における男女の均等な機会及び待遇の確保が図られるようにするため講ずべき措置の適切かつ有効な実施を図るための業務を担当する者（「男女雇用機会均等推進者」という）を選任するように努めなければならないと定められた（同法13の2）。
⑦ 妊娠・出産等関係言動問題については，紛争解決のために調停を申し立てることができるものとし，紛争調整委員会は，関係当事者の同意の有無にかかわらず，調停のため必要があると認めるときには，出頭を求め，意見を聞くことができる者として関係当事者と同一の事業場に雇用される労働者その他の参考人を加えることと定められた（同法16，20）。

## 3．マタニティハラスメント規制に関する育児・介護休業法の改正内容

① 労働者が職場における育児休業，介護休業等の制度又は措置の利用に関する言動（以下「育児休業等関係言動問題」という）に起因する相談を行ったこと又は事業主による当該相談への対応に協力した際に事実を述べたことを理由として解雇その他の不利益取扱いをしてはならないと定められた（改正育介法25②）。
② 国は，労働者の就業環境を害する育児休業等関係言動を行ってはならないこと，その他当該言動に起因する問題に対する事業主その他国民一般の関心と理解を深めるため，広報活動，啓蒙活動その他の措置を講ずるよう努めなければならないと定められた（同法25の2①）。
③ 事業主は，育児休業等関係言動問題に対するその雇用する労働者の関心と理解を深めるとともに，当該労働者が他の労働者に対する言動に必要な注意を払うよう，研修の実施その他の必要な配慮をするほ

か，国の講じる②の措置に協力するよう努めなければならないと定められた（同法25の2②）。
④　事業主（その者が法人である場合にあっては，その役員）は，自らも育児休業等関係言動問題に対する関心と理解を含め，労働者に対する言動に注意を払うように努めなければならないと定められた（同法25の2③）。
⑤　労働者は，育児休業等言動問題に対する関心と理解を深め，他の労働者に対する言動に必要な注意を払うとともに，事業主の講ずる③の措置に協力するように努めなければならないと定められた（同法25の2④）。

## 3　施行期日，経過措置等

1 2の改正は，公布の日から1年を超えない範囲内において政令で定める日から施行することになる。

中小事業主については，公布の日から3年を超えない範囲内において政令で定める日までの間，パワハラ防止のために必要な措置を講じなければならない義務については努力義務とするものとし，パワハラ防止の措置に関する紛争解決につき本法の手続によることはしないこと（個別労働関係紛争解決法の規定を適用する），事業主名の公表，報告の請求の対象からパワハラ防止措置に関する事項を除くこととされている（改正法附則3）。

## (参考) 船員についての読替え

### 〈船員に対する特例〉

　元々船員に関しても，パワハラ，セクハラ，マタハラ等につき同様の規制がなされることになるが，船員に関する労務管理上の規制の所管は国土交通大臣，地方運輸局長（運輸監理部長）であり，厚生労働大臣のところを国土交通大臣，都道府県労働局長を地方運輸局長（運輸監理部長）と読み替えることになる。同様に，紛争調整委員会はあっせん員候補者名簿に記載されている者の内から指名する調停員と，厚生労働省令は国土交通省令と読み替えることになる。

# 第5

# パワーハラスメントへの具体的対応

## 1 はじめに

　ハラスメントは元々，労働者と労働者の間の問題，取締役（経営者）と労働者の間の問題として捉えられてきた。そして，あくまで個人間であり，個人企業以外については契約関係にはないので，民事上は不法行為の問題，刑事上は犯罪行為として処理されてきた。

　しかし，労働契約による配慮義務の考え方の広がり（安全配慮義務の拡大）が，労働者対労働者，取締役（経営者）対労働者の関係にある加害者と被害者とを労働契約における安全配慮義務として把握する傾向が出てきた。すなわち，加害行為がなされることを知りながら，または，知り得る状態にありながら，それを使用者が放置してきた場合や適切に処理しなかった場合には使用者に安全配慮義務違反が認められることになった。

　例えば，①日産独身寮事件（東京地裁昭和51年4月19日判決，判例時報822号3頁）の寮管理人の不適切な対応があって寮生が死亡した場合にその使用者である会社の労働契約上の安全配慮義務違反が認められているし，②大橋商事事件（福岡高裁昭和51年3月30日判決，判例時報837号53頁）のスナックの従業員の先輩と後輩の仲の悪さを理由として行われた殺人行為について使用者責任が認められている。これらは，元々は，労働者個人と労働者個人の問題が，労働契約上の安全配慮義務違反（または使用者責任）に高められているのである。

　そのような流れの中で，セクハラやパワハラなどのハラスメントを捉えると，被害労働者と使用者の配慮義務の問題として捉えることが可能

になってくる。

　つまり、セクハラ、パワハラの問題は個人間のトラブルから使用者が責任を問われるという範疇の行為に変わってきたのであり、労働問題、組織としての問題に高められてきたのである。そうだとすると、ハラスメント問題は、必然的に、企業が組織として取り組まなければならないということになる。

　企業の対応については第2④でも取り上げているが、ここではより具体的に検討してみることとする。

## ② セクハラの場合の措置

　前述（p.70）の通り、指針と多くの裁判例があるので、それに従って対応することになる。ここでは指針のポイントのみ再掲しておく。

---

　均等法による指針（平成18年10月11日厚生労働省告示615号）
1)　事業主の方針の明確化、その周知・啓発
2)　相談に応じ、適切に対応するために必要な体制の整備
3)　事後の迅速かつ適切な対応
4)　その他
　　①　相談者・行為者等のプライバシーを保護するための必要な措置を講じるとともに、その旨を労働者に対して周知すること。
　　②　相談したこと、事実確認に協力したことを理由とする不利益な取扱いをしないことの周知・啓発すること。

## ③ パワハラの場合の措置

パワハラについては、セクハラ指針のような公的な基準はなく、平成24年1月30日付の円卓会議のワーキンググループ報告によると、次のように対応すべきということである。

---

① 職場のパワーハラスメントはなくすべきものである方針を明確に打ち出すこと。
② 就業規則に関係規定を設ける、労使協定を締結すること。
③ 実態を把握する。―従業員アンケートを実施する。
④ 研修の実施
⑤ 組織の方針、取組みについて周知啓発。
⑥ 相談窓口を設置する。職場の担当責任者を決める。
⑦ 行為者に対する再発防止研修を行う。

---

これらのパワハラに対する企業の対応の内容は、セクハラ指針の内容をパラレルに考えたものであるが、これに加えて、できればパワハラに該当するか否かを労使で協議して決める場を設ければよいと思われる。

すなわち、企業内で、管理職や社員間で、「ケースディスカッション」を行ってこのようなケースではパワハラになるか否かを検討の上で判断していく方法が考えられる。

できればアンケート等を通じて、ちょっと気になる事例を用いて、ディスカッションを行うような研修を組むとよいと思う。その際、企業で

あれば，どうしても具体的な管理職が加害者として想定されるので，なかなか中立的な判断が難しいことが予想されるが，基本的には被害者の立場に立って判断をすることが必要である。そして，上司が指導するのだから厳しくすることが許されるかのような誤解があるので，指導しているから厳しくできるという考え方はまず捨て去ることが必要である。

その上で，企業としてのパワハラについての対応は，現在のところ基本的にはセクハラの対応と同様にすることで問題はないと思われる。

なお，労働施策総合推進法改正により定められたパワハラ規制によると，厚生労働大臣は，「その適切かつ有効な実施を図るために必要な指針……を定めるものとする」（労働施策総合推進法30の2③）と定められているので，早晩，その指針が定められるはずである。

## 4 その他の措置

セクハラ・パワハラのいずれにおいても，重要なことは，雇用者の使用者責任・安全配慮義務という法的義務が生じているという点である。そのため，セクハラ・パワハラそれぞれに対し，以下のように，適切な措置を講じる必要がある。

### 1．メンタル面の健康管理を行うこと

過労死，過労自殺など長時間労働でも社員の健康が問題となっているが，自殺の原因である精神疾患（主としてうつ病）についてはハラスメ

ント（特にパワハラ）もその原因の一つとして考えられるので、早期にうつ病等と思われる社員を発見することが必要であり、そのためにはうつ病等の精神疾患の発見やその後の診断・治療について産業医を活用することが重要になると思われる。産業医は精神疾患に精通している者が望ましいが、そうでない場合には親しい精神科医を紹介してくれる者が好ましい。

## 2．放置せずに積極的に対応すること

　パワハラについては、法律で定義が定められたとはいえ、未だに判断基準は明確とはいえないので、組織内においてパワハラの基準（ガイドライン）を策定して、自主的な対策を取らねばならない。

　そしてハラスメントの禁止、ハラスメントは懲戒処分の対象とすることを就業規則へ盛り込み、また、相談窓口や対応の手順なども就業規則や健康管理規程において、予め示しておくべきである。

## 3．プライバシーの保護等の措置

　ハラスメントに対する対応を考える場合には、被害者、加害者以外にも多くの事実の聴取を行う必要がある。その場合に協力してもらうためには、プライバシーの保護、協力者への不利益取扱いの禁止等の措置を講じておかなければならない。

## 5 パワハラの疑いがある場合の対応

　パワハラが存在していると思われる場合に，企業としてはどのようにすべきかということが問題になる。

### 1．よく事実関係を調べること

　まず，行うべきことは事実関係の調査である。パワハラがあったか，なかったのか，パワハラがあった場合の内容の確認や動機，原因，パワハラがなかった場合にはその誤報の理由，動機，原因である。注意すべきは，次の通りである。
(1)　被害者や通報者からの訴えをよく聞くこと
　　訴えに対する無視・黙殺は問題外である。
(2)　初動が重要であること
　　上司自身自分で対応するか，人事などの担当部署に相談するかは検討すべきであるが，速やかに行動することが必要である。

### 2．秘密・プライバシーを守ること

　次に，事情聴取（ヒアリング）の鉄則であるが，通報者や聴取協力者の秘密，プライバシーを守ることは最低限必要なルールである。特に，セクハラの場合には，プライバシーの最たるものであり，これが守られなければハラスメント発覚の最も重要な契機を失うであろう。

## 3．加害者に対しては，厳しく対応すること

　事実調査の結果，パワハラが存在し，加害者と被害者の特定ができた場合には，一定の不利益な取扱いや処分が必要である。取扱いとしては，人事異動，懲戒処分，査定の低評価などであるが，加害者に対しては厳しく処断することが必要である。

　親しいからとか，将来性があるからとか，加害者を寛大な処分にし，他方で被害者を追い詰めるような対応をする例もあるがとんでもないことであり，きちんと調査をし，パワハラを行った者に対しては厳しく対応しなければ，被害者である従業員はもちろんのこと，周囲の従業員もモラルダウンを起こしてしまう。

　セクハラ・パワハラ等ハラスメントの加害者は真に反省しない傾向があるように思われる。そのため，同じことを繰り返す，つまりハラスメントを継続して行う傾向があり，その意味では，再発を防止するためには，早目に被害者と加害者とを引き離す必要がある場合が多い。そのために，主として加害者を早期に異動させる業務上の必要性が強い。

　そして，反省しないのであれば，自主的な対応では無駄なので，制裁的な措置を採らざるを得ない。組織内教育の受講は無論のこと，反省を促すための顛末書，始末書をとり，場合によっては，懲戒処分をするしかないこともある。最悪，諭旨解雇，懲戒解雇もあり得る。

　たとえ，優秀で企業の将来を託するべきと見込んでいた人材であっても，加害者を放置しておくことは許されない。企業にとっては，加害者の擁護ではなく，被害者の救済こそが重要である。

## 6　日頃からの対策の重要性

　当然のことであるが、日頃からのパワハラ対策が必要である。例えば以下のようなことが考えられる。
(1)　普段から職場の人間関係や契約社員・派遣社員等、立場が弱いとされている者への対応に気をつけること。
(2)　社員の中で、性的な言動や乱暴な言動が多い者や態度が横柄な者がいないかを気をつけて見ておくこと。
(3)　突然遅刻が多くなる、会社を休みがちになる、ケガがたえないなど、気になる点があれば放置せずに状況を確認すること。
(4)　(1)～(3)で気がついたことがあれば、その都度記録（簡略なメモでよい）を残しておくこと。
(5)　(1)～(3)で気がついたことがあれば、周囲の従業員らにそれとなく確認をしておくこと。
(6)　ハラスメントがあったら、直ぐに伝わってくるような体制を築いておくこと。相談窓口の設置も一定の効果はあるが、そのためには職場の人間関係の形成が重要である。
　　風通しの悪い職場では、パワハラが起こっていること自体が伝わってこない可能性がある。それでは職場にパワハラが蔓延する危険性がある。
(7)　パワハラの相談があった場合の具体的な対応を事前に決めておくこと。特に、相談者が被害者である場合には、相談者が途中で相談を打ち切らないよう工夫し、高飛車な姿勢や評論家（他人事のように聞

く）や部外者であるような姿勢をとらず，真摯な態度で臨むこと。

# 第6

# 就業規則等の例

## 第5章

## 商業銀行等の例

ハラスメントについて，企業に要請される内容としては，その企業として撲滅の方針を明確に示すこと，違反があった場合には厳しく対応すること，必要があれば懲戒処分等の措置を講じること等を，企業の憲章，社是，社訓，就業規則，懲戒規程等で明確にしておかなければならないと考えられる。

## １　企業の方針

　企業の方針を決定するのは，ハラスメントに関するその企業の根本的な姿勢を示すためである。ハラスメントは，それ自体が好ましくなく構成員である者の勤労意欲を削ぐと同時に，場合によっては民事上不法行為になり，極端な場合には刑事的には犯罪行為となる。企業においてこれを望ましくないものとして撲滅させるべきは当然である。
　対象となるハラスメントの種類として中心になるのは，セクシュアルハラスメント，マタニティハラスメント，パワーハラスメントであろう。
　どのような形で，その方針を示すのかと言えば，企業であれば，その構成員に示す文書（データでも構わない）であり，最上位のものと思われるので，企業憲章，社是，社訓その他の文書（データも含む）ということになる。

〈文例〉

> 　会社役員・社員は，相互に理解し合い，尊重し合い，協調して職務に専念するものとする。会社の利益は，役員・社員一人ひとりの努力の結晶であり，会社は役員・社員を正当に評価し，正当な報酬を支払う。
>
> 　会社は，役員または社員間で会社の秩序・調和を乱す行為を認めない。役員または社員間でいじめ，嫌がらせ，ハラスメント行為等があり，役員・社員が他の社員の人格・尊厳を無視して人格を踏みにじる行為を認めない。会社はそのいじめ，嫌がらせ，ハラスメント行為については，迅速に適切な対応を行うと共に，職場の秩序・調和を乱す重大は違反行為として厳しく処断する。

## 2　就業規則の内容

　就業規則は，その雇用する企業と労働者の権利義務の関係を示すものであるが，その中で，労働者の心構えを示すための規程として，ハラスメント行為を行うべきではないこと，行った場合には注意，その他の適切な就労上の措置を講じること，また，解雇も含めた懲戒処分の対象にすることなどの規程を設けておかなければならない。以下，参考例を示す。なお，ここでは，就業規則であるために役員は対象外とする（使用人兼務役員は対象となる）。

　なお，会社の役員が加害者である場合（被害者は社員・役員の双方を

含む）には，役員に関する懲戒の規則がある場合にはそれによることになるし，役員に関する規則がない場合には，被害者とされる社員は取締役会や代表取締役に申し出て，その役員の処分等を求めることになる。

なお，役員の懲戒規定については，別途③ (p. 264) において例を挙げる。

## 1．社員の心構えに関する定めの例

〈文例〉

> ○社員は，上司，部下，同僚と連携して円満に業務を行うように心がけねばならず，他の社員らを出し抜き，他の社員の尊厳を無視したりないがしろにしたりせず，困惑させるような言動を取ってはならない。

> ○社員は，上司，部下，同僚らとの付き合いにおいて，相手の人格を尊重し，社会人としての常識ある言動をとらなければならない。社外で私的に付き合い，交渉する場合も同様とする。

> ○社員は，上司・部下，先輩・後輩，正規社員・非正規社員，男性・女性等の地位の差異を問わずに，お互いに他方を尊重して，節度ある言動・対応をとらなければならない。

## 2．社員の禁止行為に関する定めの例

〈文例〉

> 第○条　社員は，会社の憲章第○条に則り，セクシュアルハラスメント，

> パワーハラスメント，マタニティハラスメントをしないようにしなければならない。
> 　セクシュアルハラスメントとは……（定義・略）……
> 　パワーハラスメントとは……（定義・略）……
> 　マタニティハラスメントとは……（定義・略）……

＊注１　セクシュアルハラスメントの定義

セクシュアルハラスメントの定義は，男女雇用機会均等法11条1項に「職場に置いて行われる性的な言動に対するその雇用する労働者の対応により当該労働者がその労働条件につき不利益を受け，又は，性的な言動により当該労働者の就業環境が害される」と定められているので，それを参考に定義づけをすればよい。

＊注２　パワーハラスメントの定義

パワーハラスメントの定義は，ようやく法制化されたが，条文としては「職場において行われる優越的な関係を背景とした言動であって，業務上必要かつ相当な範囲を超えたものによりその就業環境が害されること」（労働施策総合推進法30の2①）をいうと定められた。

＊注３　マタニティハラスメントの定義

マタニティハラスメントの定義は，均等法や育児介護休業法で定められている母性保護，育児のための保護の規定に基づいて請求した場合や取得した場合の不利益取扱いをいうわけであるが，母性保護のための規定や育児のための保護の規定は数多く，これを列挙するというのはかなり長文となり複雑となる。

そのため，法令の禁止の規定を列挙して定義づけをすることが可能である。すなわち，妊娠・出産等に関しては男女雇用機会均等法9条3項（「事業主は，その雇用する女性労働者が妊娠したこと，出産したこと，労基法……第65条第1項の規定による休業を請求し，又は同項若しくは同条第2項の規定による休業をしたことその他の妊娠又は出産に関する事由であって厚生労働省令で定めるものを理由として，当該女性労働者に対して解雇その他不利益な取扱いをしてはならない。」），育児介護に関しては，育児介護休業法10条（育児休業の申出をし，又は育児休業をしたことを理由として，解雇その他不利益な取扱いをしてはならない），第16条（介護休業の申出及び介護休業した事を理由に解雇その他不利益取扱いをしてはならない），看護休暇（同法16の4），介護休暇（同法16の7），所定労働時間の制限（同法16の10），時間外労働の制限（同法18の2），深夜業の制限（同法20の2），3歳

未満の子を養育する労働者が労働時間の短縮の申出，短縮措置を受けたこと（同法23の２）等，で禁止が定められている。したがって，それらの禁止規定を列挙して，マタニティハラスメントの定義をすることも可能である。

## 3．管理職の管理行為に関する定めの例

〈文例〉

> 第○条　管理職は，その職場において，禁止されているハラスメント行為が行われていると気づいたときは，その加害行為を行っていると思われる該当者に対して，事情を聞いた上で適切な注意を行わなければならない。管理職が，その加害行為を行っていると認められるときには，その上位の管理職が加害行為を行っていると認められる管理職に対して，話を聞いた上で適切な注意を行わなければならない。
> ２　管理職が前項に定めるハラスメント行為に気づいた場合で，自らの判断での解決が困難と思われる場合，その加害行為が悪質である場合，被害者が肉体的・精神的に傷害を受け，疾病に罹患していると思われる等重大であると判断した場合には，速やかに，人事課に報告しなければならない。

## 4．被害者の申告行為とその後の措置に関する定めの例

〈文例〉

> 第○条　ハラスメント行為の被害を受けたと思う社員は，その職場の管理職にその旨の申出をすることができる。また，管理職が迅速に対応

しない場合，そのハラスメント行為が重大であり速やかに対応が必要であると思う場合には，職場の管理職に対するのと同時または職場の管理職に先んじて，人事課にある職場の相談窓口にその旨の申告をすることができる。
2　前項の規定は，ハラスメント行為の被害を受けたと思う社員のみならず，その職場でハラスメント行為が行われていることを認知した社員に準用する。
3　ハラスメント行為者またはその職場の管理職は，ハラスメント行為の被害を受けたと思う者，または，職場でハラスメント行為が行われていると認知した者が，管理職に被害を申し出たこと，及び，人事課にある職場の相談窓口に申告したことにつき，その申告をした社員に対して，注意，叱責，仕事の分担上の不当な扱い，不当な業務命令等の不利益な取り扱いをしてはならない。

## 5．申告を受けた会社の対応に関する定めの例

〈文例〉

第○条　第●条に定める申告を受けた人事課にある職場の相談窓口は，申告者，被害者とされる社員，加害者とされる社員，その他職場の社員，第三者に対してヒアリングを行う等の調査をすることができ，社員はその調査に協力しなければならず，調査を妨害してはならない。
2　職場の相談窓口が申告者や職場の社員，第三者につき調査を行う場合には，会社はその調査を行ったこと，その調査内容につき公表しない。また，加害者とされる者，管理職は，申告者や調査に協力した職場の社員，第三者に対して何らの不利益な取り扱いをしてはならな

い。

3 職場の相談窓口が調査を行うに当たっては、加害者とされる者、被害者とされる者その他の関係者に対して、自宅待機を命ずることができる。また、会社の貸与したパソコン・スマートフォン等の備品の調査、机や書棚の検査その他の必要な措置を講ずることができる。

4 職場の相談窓口は、必要があると判断したときは、事案の内容を人事部長に報告し、人事部長は、懲罰委員会に、事案の審理を求めることができる。

5 前項の人事部長の要請を受けた懲罰委員会は慎重に審理を行うが、必要のある場合には外部の第三者によって構成する第三者委員会に意見を求めることができる。

## 6．懲戒処分に関する定めの例

〈文例〉

第〇条　会社は、次の各号に定める社員の行為につき、けん責、減給、出勤停止、降格、諭旨解雇、懲戒解雇の処分を行うことができる。
（具体的事由）……
　●号　セクシュアルハラスメント、パワーハラスメント、マタニティハラスメントを行ったと認定されたとき。（但し、謝罪、被害弁償、配置転換等により加害者が相応の対応をし、また社内的、社会的な制裁を受けたと思われるときには、懲戒処分の種類を●段階まで軽微にすることができる。）

## 7．教育，その他の必要な措置についての定めの例

〈文例〉

> 第○条　会社は，職場においてハラスメントが行われているものと認定したときは，懲戒処分の外に，下記に定める①〜⑤の就労を円滑にするための必要な措置を講ずる。その責任者は人事部長とし，ハラスメントを行ったものと認定された社員に対して，必要な措置の一部又は全部の履行についての指示をすることができる。
> ①　ハラスメントの行為者とされた社員の顛末書の提出
> ②　ハラスメントの行為者，被害者とされる社員への人事異動（降職も含む）
> ③　ハラスメント撲滅のための社内研修の受講（行為者のみならず，他の社員も含む）
> ④　ハラスメントの被害者とされた社員が疾病に罹患した場合の勤務軽減措置
> ⑤　その他必要とされると判断される措置

# ③　役員懲戒規程

　会社役員が，社員や役員にハラスメント行為を行った場合には，取締

役会や代表取締役に申告の上で，役員間で判断をすることになるが，往々にして不問に付されるということも少なくない。場合によっては権力闘争の種となりかねないためそれら不測の事態を防ぐためにも，懲戒規定を設けておくべきであろう。以下に文例を紹介する。

文例〈懲戒規程のハラスメント禁止，処分の部分〉

> **第○条** 会社役員（取締役，監査役，執行役員）は，会社憲章第●条に則り，セクシュアルハラスメント，パワーハラスメント，マタニティハラスメントをしてはならない。
>
> 　　　セクシュアルハラスメントとは……（省略）
> 　　　パワーハラスメントとは……（省略）
> 　　　マタニティハラスメントとは……（省略）
>
> 2　会社役員がハラスメント行為の訴えを受けた場合には，代表取締役は，その訴えが根拠のあるものかどうかを確認するために，総務部長に対して，当該ハラスメント行為の実態調査を命ずることができる。代表取締役自身が加害者として訴えを受けた場合には，監査役代表がその任に当たる。
> 3　総務部長は，前項の実態調査命令を受けた場合には，社員の懲戒処分のための懲罰委員会に調査を委託するか，外部の者に委託した第三者委員会に調査を委託することができる。
> 4　取締役会は，訴えの内容を確認するため，また前項の調査結果の報告を受けて，ハラスメントを行ったとされる役員につき，懲戒処分を行うべきか否か，その処分の内容を検討し，決定する。その決定には，当該役員は議決権を持たない。
> 5　取締役会の前項の結果は，総務部長がハラスメントを受けたと訴え

> た者に通知し，必要に応じて社員に周知する。

　なお，役員の懲戒事由と懲戒処分の種類・程度については，役員懲戒規程で定める場合もあるが，ほとんどの場合は，社員用の就業規則を準用している。ここでは，ハラスメント部分については，役員を対象とした独自の定めをしたものとして紹介した。

〈参考〉
1．職場のいじめ・嫌がらせ問題に関する円卓会議ワーキング・グループ報告（平成24年1月30日）
　　https://www.mhlw.go.jp/stf/shingi/2r98520000021hkd.html
2．職場のパワーハラスメント防止対策についての検討会報告書（平成30年3月30日）
　　https://www.mhlw.go.jp/stf/houdou/0000201255.html
3．女性の職業生活における活躍の推進及び職場のハラスメント防止対策等の在り方について（報告書）（平成30年12月14日）
　　https://www.mhlw.go.jp/stf/houdou/0000073981_00001.html
4．心理的負荷による精神障害の認定基準（平成23年12月26日基発1226第1号）
　　https://www.mhlw.go.jp/stf/houdou/2r9852000001z3zj-att/2r9852000001z43h.pdf
5．女性の職業生活における活躍の推進に関する法律等の一部を改正する法律案（平成31年3月8日提出）
　　＊法律案要綱
　　https://www.mhlw.go.jp/content/000486034.pdf

## 【著者略歴】

外井　浩志（とい　ひろし）
1981年東京大学法学部卒業。1985年弁護士登録。
東京労働局労働基準監督官，安西法律事務所勤務を経て，2006年外井（TOI）法律事務所開設。

### 〈主な著書〉

「健康・安全・衛生と補償・賠償（第2版）」「事業再編雇用流動化の人事と労務」（以上中央経済社），「就業規則の知識」（日本経済新聞社），「図解でわかる労働法」（日本実業出版），「社員教育をめぐる法律問題Q＆A」，「偽装請負―労働者派遣と請負の知識―」，「労働契約法と就業規則」（以上労働調査会），「競業避止義務をめぐるトラブル解決の手引」，「Q＆A 精神疾患をめぐる労務管理（編著）」（以上新日本法規出版），「労働者派遣の実務 Q＆A」（三協法規），「労働者派遣法100問100答」「Q＆A 65歳雇用延長の法律実務」「会話で学ぶ　これからの労務管理講座」（以上税務研究会出版局）　　ほか多数

本書の内容に関するご質問は、ファクシミリ等、文書で編集部宛にお願いいたします。(fax 03-6777-3483)
なお、個別のご相談は受け付けておりません。

本書刊行後に追加・修正事項がある場合は、随時、当社のホームページにてお知らせいたします。

## パワーハラスメントに関する法律実務

| 令和元年9月20日　初版第一刷印刷 | （著者承認検印省略） |
| --- | --- |
| 令和元年9月24日　初版第一刷発行 | |

　　Ⓒ　著　者　　外　井　浩　志
　　　　発行所　　税 務 研 究 会 出 版 局
　　　　　　　　週刊「税務通信」「経営財務」発行所

　　　　　　代表者　　山　根　　毅

郵便番号100-0005
東京都千代田区丸の内1-8-2（鉄鋼ビルディング）
振替00160-3-76223
電話〔書 籍 編 集〕03(6777)3463
　　〔書 店 専 用〕03(6777)3466
　　〔書 籍 注 文〕
　　　〈お客さまサービスセンター〉03(6777)3450

● 各事業所　電話番号一覧 ●

| 北海道 011(221)8348 | 中　部 052(261)0381 | 九　州 092(721)0644 |
| --- | --- | --- |
| 東　北 022(222)3858 | 関　西 06(6943)2251 | 神奈川 045(263)2822 |
| 関　信 048(647)5344 | 四　国 082(243)3720 | |

〈税研ホームページ〉　https://www.zeiken.co.jp

乱丁・落丁の場合は，お取替え致します。　　印刷・製本　株式会社　朝陽会
ISBN 978-4-7931-2465-5

# 人事労務・その他

《2019年7月1日現在》

## すっきりわかる！海外赴任・出張 外国人労働者雇用
### 税務と社会保険・在留資格・異文化マネジメント

藤井 恵・ロッシェル・カップ 共著／A5判／328頁　　定価 **2,000** 円+税

法的に必要な手続きなど実務上の留意点から、異文化コミュニケーション上の問題やトラブル対処まで、人材が海外に出る時・人材を海外から入れる時のポイントがこの一冊ですべて理解できるように解説。企業の担当者だけでなく、海外赴任する本人や家族も知っておきたい税金・社会保険や海外で暮らすための知識が得られます。　　**2019年3月刊**

## これって個人情報なの？
### 意外と知らない実務の疑問

稲葉 一人・阿部 晋也 共著／A5判／192頁　　定価 **1,800** 円+税

個人情報を取り扱う上で起こりうるトラブルや対処の仕方について、総務部社員が法律家や実務家へ相談する会話形式でわかりやすく解説。すべての企業などにかかわる個人情報保護法、ガイドライン、EUのGDPR、プライバシーマークについても収録。教育・研修用テキストとしても最適です。　　**2019年4月刊**

## 債権法改正と税務実務への影響

木山 泰嗣 監修・西中間 浩 著／A5判／260頁　　定価 **2,000** 円+税

約120年ぶりの本格的な改正となる、債権分野にかかる民法(平成29年6月公布、令和2年4月施行)について、民法改正が税務実務に与える影響に特化して考察。初めて民法の条文に触れる方でも理解しやすいよう、条文を提示しながらできるかぎり具体的かつ丁寧に解説しています。　　**2018年1月刊**

## 税理士が知っておきたい
## 民法＜相続編＞改正Q&A

上西 左大信 著／A5判／228頁　　定価 **2,000** 円+税

約40年ぶりに大幅な見直しが行われた民法相続編について、改正の背景と併せて、改正の概要と実務への影響をQ&A形式でわかりやすく解説。財産相続承継スキームにも大きな影響のある改正内容であり、相続実務に携わる方におすすめの一冊。　　**2018年10月刊**

---

**税務研究会出版局**　https://www.zeiken.co.jp